Helgoland

Von
Hamburg
nach
Helgoland.

Skizzenbuch
von
C. Reinhardt

Von

Hamburg nach Helgoland

Skizzenbuch

von

Karl Reinhardt

Mit 90 in den Text gedruckten Abbildungen

Broschek Verlag · Hamburg

Vollständiger Nachdruck
der seltenen Erstausgabe des Jahres 1856, die bei
J. J. Weber in Leipzig erschien.

Printed in Germany 1959 · Broschek Verlag · Hamburg
Gesamtherstellung Broschek & Co., Hamburg

ISBN 3871020214

Vorwort.

Jeder Fremde, der vom Binnenlande aus Hamburg besucht, und dessen Reise nicht blos dem Geschäft gilt, betrachtet seine Tour als unvollständig, wenn er nicht eine Fahrt nach Helgoland mitgemacht, dort wenigstens ein Seebad und Seefische genossen, vielleicht einen kleinen Seesturm erlebt, etwas seekrank geworden und einige Stunden lang „blos Himmel und Meer" gesehen hat. Gewöhnlich Sonnabends angekommen, durch- und umschwärmt er Sonntags Insel und Düne und wird, wenn er nicht zu den Bade-gästen gehört, am Montag früh schon wieder der wunderbaren, ihm gänzlich neuen Scenerie entrissen, die, dem Meer entsteigend, mit Nichts in seiner Heimat Aehnlichkeit hat und deren Erinnerung ihn später wie ein schöner Traum umschwebt.

Der von Hamburg ab sich mehr und mehr ausbreitende Fluß, das Verschwinden der Ufer, der Uebergang ins Meer, dessen Wo-gen, der Zeitpunkt, wo man nur Himmel und Wasser sieht, und das endliche Auftauchen der Insel aus der Fluth, bilden eine Reihe von Scenen, welche die Stunden der Fahrt verkürzen und bis zur Landung auf Helgoland den Reisenden in steter Spannung er-halten. Die Insel selbst mit ihren Felsgrotten und Klippen, so wie der Dünenstrand mit seinen rollenden Brandungen und ange-spülten Seepflanzen und Thieren, machen dann am Schluß der Reise den großartigsten und schönsten Eindruck, den der Binnen-länder von der Seenatur haben kann.

Im vorliegenden Werkchen wird nun sowohl der flüchtige Be=
sucher, wie der länger weilende Badegast, ein treues, in jedem
Strich nach der Natur gezeichnetes Bild der Insel und des Weges
dahin finden. Wort und Bild werden die Erinnerung an das, was
Natur und Menschen dort Eigenthümliches bieten, auffrischen
oder darauf aufmerksam machen, und dem Leser wird neben man=
chen praktischen Notizen, auch Vieles darin begegnen, was nicht
blos dem augenblicklichen Bedürfnisse Reisender genügt, sondern
an sich selbst Interesse gewährt. Letzterer Gesichtspunkt sollte
jedenfalls überhaupt bei jeder Art von Reiselectüre festgehalten
werden.

Hamburg, November 1855.

Karl Reinhardt.

Inhaltsverzeichniß.

Verzeichniß der Abbildungen.

Von Hamburg nach Helgoland.

Grün ist der Rand,
Roth ist die Wand,
Weiß ist der Sand,
Das sind die Farben von Helgoland.

I.

Die Einschiffung.

Das Dampfschiff Helgoland. — St. Pauli. — Altona.

Wenn der Mai in seiner ge=
heimen Werkstätte an dem
grünen Kleid der Natur ge=
arbeitet und die Landschaft
gleich einer geschmückten Braut
dem Juni zugeführt hat; wenn dann auf dem Lande tausend
und abertausend Sänger im wonnigen Blüthenduft, in Wald

13

und Wiesengrün ihre Lieder singen; wenn von den nordischen Meeren die Stürme fortgezogen, um sich in der andern Hemisphäre, dort wo am Kap Horn der alte Felsenriese steht, einen Tummelplatz zu suchen; wenn die rastlos gejagten Wogen ihre schäumende Stirn glätten und sich lang hingestreckt im warmen Sonnenschein auf der Düne lagern können, dann erfaßt es uns mit gewaltiger, geheimnißvoller Macht gleich den Zugvögeln und zieht uns hinaus, weg von der Heimat, von Haus und Stadt. Der Strandbewohner wandert Flußauf, bis er verwundert den gewaltigen Strom zum Bach werden sieht; der Binnenländer hinab, weiter und weiter bis sich das unendliche Meer mit seinen Wundern vor dem erstaunten Blick ausstreckt.

So auch Jene, die am sonnigen Junimorgen der Landungsbrücke für Dampfschiffe am Hamburger Hafen zueilen, wo der prachtvolle Dampfer Helgoland, aus den zwei Schornsteinen rauchend und pustend, ihrer harrt, um sie über das Meer zur Insel zu führen.

Die Brücke, deren äußerer Theil aus drei flachen Fahrzeugen besteht, die sich mit der Ebbe und Fluth heben und senken, ist mit Menschen, Koffern, Kisten, Körben und Karren vollgestopft. Blumen, Früchte, Gemüse und andere Lebensmittel sind besonders überwiegend vorhanden und theilen den Raum, der ja noch übrig bleibt, mit Sonnen- und Regenschirmen, Hutschachteln und Reisetaschen, zwischen denen man sich den Weg zum Schiff suchen muß, auf das man über eine ausgelegte Brücke gelangt.

Was vom Gepäck nicht unter den Händen der Matrosen verschwinden soll, um erst in Helgoland wieder an den Tag zu kommen, muß man hartnäckig festhalten und in der Kajüte irgendwo unterbringen, ehe man sich auf das Hinterdeck begiebt, von wo aus man im Schutz des ausgespannten Sonnenzeltes die Umgebung gemüthlich beobachten kann.

Nachdem der erste Blick jener Gegend zugerichtet war, wo wir das Meer vermuthen, fällt er unwillkürlich wieder in die nächste

lebendige Umgebung, auf die Brücke selbst mit ihrem alten male=
rischen Pfahlwerk, den darüber hervorragenden baumreichen
Stintfang, dem der Michaelsthurm wie neugierig über die Schul=
ter sieht, rückwärts den Hafen mit seinem undurchdringlichen
Mastenwald, an dem die Flaggen aller Nationen wehen. Zu
unsern Füßen schwimmen hunderte von Jollen und Ewern, welche
die Producte aller Erdtheile von und nach den Schiffen führen,
und auf die Brücke stürzt sich wieder ein neuer Schwarm von
Passagieren, um mit seinem Gepäck die Verwirrung auf den
Gipfelpunkt zu treiben.

Plötzlich ertönt die Schiffsglocke so schrecklich in die Ohren
einiger Säumigen, daß dieselben mit Hinterlassung aller irdischen
Habe auf das Schiff stürzen und es den glücklicherweise ehrlichen
Kofferträgern überlassen, nach eigenem Gutdünken mit den Reise=
utensilien zu verfahren. Einige Nachzügler und Langschläfer kom=
men wohl dann noch in verzweifeltem Galopp angesprengt, wäh=
rend eine Masse von Leuten, die Neugier, Geschäfte oder Abschied=
nehmen nach dem Schiff brachte, das Land zu gewinnen suchen.
Die Taue werden nun von der Brücke gelöst, die Räder beginnen
zu schlagen und das Schiff setzt sich schneller und schneller in Be=
wegung.

Wehe nun jenem Unglücklichen, der jetzt noch etwa mit der
Reisetasche in der Hand auf der Brücke erscheint. Grausamer,
unbarmherziger Spott ist sein Loos, und ich werde jenen Mann
nie vergessen, der einmal um zwei Minuten zu spät kommend, eine
Reisetasche in der Hand und tiefe Wehmuth im Gesicht dem Capi=
tän zurief: „Herr Captän, halten Sie an, ich bin aus Zwicke!“,
was maßlose Heiterkeit erregte.

Das Dampfschiff Helgoland, welches jetzt mit uns der See zu=
eilt, ließen die Rheder, Gebrüder Godefroy in Hamburg, zu
Greenock in Schottland eigens für diese Fahrt erbauen. Es ist von
Eisen und das schnellste Dampfschiff, welches die Elbe befahren

15

Das Dampfschiff Helgoland.

Salon im Dampfschiff Helgoland.

16

hat, denn es läuft in der Stunde 15 Seemeilen, was etwa 4 deutsche Meilen ausmacht. Die Länge beträgt 195 Fuß englisch, die Breite 22 Fuß. Die Maschine hat 240 Pferdekraft und wird aus zwei Kesseln mit Dampf versehen, weshalb das Schiff auch zwei Schornsteine hat, die indeß nicht wie auf den amerikanischen Dampfern zu beiden Seiten, sondern der Länge nach stehen.

Die Einrichtung der Kajüten ist einfach, aber sehr geschmack= voll. Der Salon, im hintern Theil gelegen, hat zu beiden Seiten fortlaufende Sophas, die mit dunkelm Sammet überzogen sind. Im Hintergrunde ist ein durch Vorhänge abgeschiedener Raum, dessen Dunkel gern von angehenden Seekranken, die sich gewöhn= lich noch etwas geniren, aufgesucht wird. Rechts vor dem Salon ist die Damenkajüte und links eine Art Toilettenzimmer von der Größe eines mäßigen Schilderhauses.

Dem Salon gegenüber befindet sich ein kleineres Zimmer mit grünen Sammetmeubles, recht traulich gelegen für solche, die sich während der Fahrt etwa der stillen Betrachtung einer Weinflasche überlassen wollen oder sich bei ungünstigem Wetter die Zeit mit Lectüre zu vertreiben suchen.

Der Speisesaal liegt nach vorn zu und nimmt ziemlich den größten Theil des Schiffes ein. Seine Ausstattung ist im Stil der andern Kajüten gehalten, nur sind die Meubles mit imitirtem Leder überzogen. Auf der rechten Seite thront der freundliche Wirth im Büffet, über dem ein plastischer Schiffskünstler eine Anspielung auf den Wein angebracht hat.

Vom Verdeck aus die Umgebung betrachtend, haben wir rechts die Vorstadt St. Pauli vor uns, wo im Sommer eine ganze Flotte englischer Kohlenschiffe vor Anker liegt. Der obere Theil der Häuser, die wir hier sehen, begrenzt den Hamburger Berg mit seinen Matrosenwirthshäusern und Tanzsalons.

Links hinaus sehen wir in blauer Ferne die Ausgänge der Lüne= burger Haide bei Harburg sich nach der Elbe herabsenken, wäh=

London Tavern und die Actien-Dampfzuckersiederei in St. Pauli.

rend einige Inseln theils zu Hamburg, theils zu Hannover gehö=
rig, den Mittelgrund bilden. Auf ihnen wird bedeutende Viehzucht
getrieben und die Umgegend von dort aus mit Milch versorgt.

Der Strand von St. Pauli bietet ein geschäftiges Hafenleben,
die Kohlenschiffe, welche ihre Last hier ausladen, verschiedene
Schiffswerfte, Niederlagen von Tauwerk und Ankern, Bäckereien,
ein großartiges Actiengeschäft, die Dampfzuckersiederei, gleich
daneben das im englischen Geschmack eingerichtete und den Ham=

burger Gourmands wohl bekannte Wirthshaus „London Tavern", das Hanfmagazin, welches sich durch sein ungeheures Dach aus= zeichnet, eine Thranbrennerei, wo zum großen Nasenrümpfen der Nachbarschaft das Lieblingsgetränk der Eskimos bereitet wird, und verschiedene Speicher bilden die Wasserfront. Dann folgt eine Reihe von Schiffswerften, auf denen wir Schiffe von jeder Größe, Gestalt und Altersklasse sehen, denen die Zimmerleute unter den Bäuchen und auf dem Rücken herumkriechen, um daran herum zu sägen, hacken, pochen und hobeln. Hier liegen angefan= gene Schiffe, von Weitem ungeheuern, auf das Land gespülten Fischgerippen ähnlich, daneben alte weitgereiste Gesellen, die manches Meer und manchen Sturm gesehen haben und denen man Stücke in die alterschwachen Seiten setzt. Das erste Werft gehört Lubau, der sich besonders in elegantem und zierlichem Schiffsbau auszeichnet. Die andern Werfte gehören Marbs, der sich einst den Dank der deutschen Nation zu verdienen hoffte, indem er der seligen deutschen Flotte ein Kanonenboot schenkte, das seinen Namen führte; aber Undank ist der Welt Lohn, Hannibal

Der Schiffspavillon in St. Pauli.

19

Der Altonaer Hafen am Fischmarkt.

Fischer verauctionirte das Kanonenboot, und Marbs mußte so viel Spott und Hohn tragen, daß zehn Kanonenboote unter der Last derselben versunken wären. Den Schluß von St. Pauli bildet ein altes großes, vor langer Zeit auf das Land gezogenes Schiff, das man zu einem Wirthshaus eingerichtet hat und das den Namen Schiffspavillon führt.

Hier fängt nun der Altonaer Hafen an, der besonders durch die kleine Schifffahrt sehr belebt wird und seine meiste Frequenz dem Umstande verdankt, daß Altona Freihafen ist.

Etwa der Mitte des Hafens gegenüber strömt der südliche Elb= arm, „Köhlbrand" genannt, in die nördliche Elbe. Er fließt bei

Milchewer.

Harburg vorbei und bespült die erwähnten Milchinseln, von denen aus alle Morgen eine Flotte kleiner Fahrzeuge mit roth angestrichenen Segeln nach Hamburg steuert, um die Stadt mit Kaffeemilch zu versorgen. Diese Fahrzeuge sind meistens ganz ausgezeichnete Segler, die gegen Wind und Wasser aufkreuzen, und deren Führer beim größten Sturm tollkühn darauf lossegeln, wodurch schon mancher zu Grunde gegangen ist.

Dieselben Fahrzeuge werden wegen ihres geringen Tiefganges sehr häufig zum Transport verschiedener Sachen benutzt; am hübschesten sehen sie aber aus, wenn sie mit einer Ladung frischen Grases, das mit Blumen durchwirkt ist, zwischen den Wiesen herauskommen.

Am Ende des Altonaer Hafens läuft ein Gleis der Kieler Eisenbahn den Berg herunter und verbindet hier die Elbe mit der Ostsee. Die beladenen Wagen werden durch eine Dampfmaschine an Drathseilen

Grasewer.

21

Rainville's Garten.

den Berg herauf- und hinabgezogen, und die Güter direct aus den Schiffen in die Transportwagen geladen. Hart neben der Eisenbahn liegt am Hügelabhang der bekannte Vergnügungsort Rainville's Garten, von wo aus man eine reizende Aussicht über die Elbe hat. Von hier an beginnt die Zollgrenze für das Herzogthum Holstein, auch liegt hier mitten im Strome das dänische Wachtschiff, das früher dem Köhlbrand gegenüber lag.

II.

Die Elbe und ihre Ufer.

Neumühlen. — Blankenese. — Staffagen und Trachten. — Stade. —
Glückstadt. — Die untere Elbe.

———

Während nun die linke Elbseite flaches, mit Weidengebüsch
und Schilf bewachsenes Ufer zeigt, an dem höchstens einige von
Nahrungssorgen geplagte Störche herumspazieren und über das
in der Ferne einzelne Baumgruppen und einsame Windmühlen
herüberschauen, steigt rechts das Land hügelig empor und ist von
den Gärten und Sommersitzen der Altonaer und Hamburger
Geldmänner bedeckt. Eine fortlaufende Reihe von Villen, mit
wunderschönen Eichen- und Buchengruppen untermischt und von
einigen Windmühlen malerisch überragt, bietet dem Auge hier
eine reizende Scenerie; zwischen den Bäumen am Ufer schauen
meistens die kleinen nett gehaltenen Lootsenhäuser hervor, vor
denen mancher alte Lootse, der sein Schäfchen aufs Trockne gebracht hat, behaglich sein Pfeifchen schmaucht und die vorbei-
segelnden Schiffe mit kritischem Auge betrachtet. Einzelne Badekarren stehen hie und da am Strande und eine Menge von Jollen
und Booten liegt vor Anker oder auf dem Sande. Die Neumühl-
ner Bootbauerei ist übrigens unter den Seeleuten berühmt, weil
die hier gebauten Jollen an Solidität und Eleganz nichts zu
wünschen übrig lassen.

An Neumühlen schließt sich Develgönne, oder ist eigentlich
eine Fortsetzung desselben und endigt mit einem Schiffswerft. Von
hier aus bis Teufelsbrücke erstrecken sich bewaldete Abhänge, auf

Partie aus Neumühlen.

deren Gipfel Gärten und Landhäuser versteckt liegen. Bei Teufels=
brücke senkt sich der Abhang und läuft in eine kleine Fläche aus,
die mit Gebäuden und Gärten dicht besetzt ist und ein parkähnliches
Ansehen hat. Die Hügel erheben sich indeß sogleich wieder und

Blankenese.

steigen mehr und mehr bis an die Ortschaft Nienstädten. Nachdem wieder eine waldige Strecke gefolgt ist, kommt Bauer's Garten, der sich bis Blankenese hinzieht, und den ein chinesischer Thurm ziert oder verunziert, je nach dem Geschmack des Beschauers.

Ein kleines Thal mit einer Wassermühle und einigen reizend liegenden Gebäuden ist gleichsam die Vorrede zu Blankenese, welches hier seinen Anfang hat. Die Häuser liegen meist am Berge (was man hier eben Berg nennt) zerstreut, und ihre Bewohner stehen sehr gemüthlich davor, rauchen Taback, stecken die Hände in die Hosentaschen und gucken auf die Elbe hinaus, indem sie der schönen alten Zeit gedenken, wo sie noch ohne polizeiliche Einmischung den Schiffern zu Hülfe kommen und sie nebenbei ausplündern durften, was mit dem Kunstausdruck „Strandrecht" benannt wird. Die strandrechtliche Ausübung haben indeß jetzt die Gastwirthe übernommen, um doch noch ein Andenken an die alte gute Zeit zu retten.

Der Süllberg überragt das Dorf und bietet eine schöne Aussicht auf die Elbe, die hier besonders belebt ist. Man erblickt Schiffe jeder Art hinauf- und hinabsteuernd und auf den Sandbänken sitzend, die man von hier oben besonders gut übersehen kann. Etwas oberhalb Blankenese liegt am andern Ufer das Fischerdorf Finkenwärder, dessen Einwohner denselben guten Ruf (als Schiffer) genießen, wie die Blankeneser. Die Finkenwärder Fischer fischen meistens in der Elbe bis Cuxhaven, während die Blankeneser in der See fischen und besonders bei Helgoland ihre Netze auswerfen. Von den Blankeneser Fischerfahrzeugen kommen die besten und zuverlässigsten Elbloosen her.

Blankenese gerade über mündet die Este in die Elbe, welche hier beinahe eine Stunde breit ist. An der Este liegt Buxtehude, jener Ort, der durch nichts weiter berühmt ist, als daß er wirklich existirt, denn im Binnenlande gehört er in das Reich der Fabel

25

und wird vorwitzigen Fragern nach wohin, gewöhnlich als Reiseziel bezeichnet. Es ist mir selbst passirt, daß sich ein sehr würdiger Leipziger, der sich auf dem Dampfboot nach jener Gegend erkundigte, mit großer Indignation zurückzog, als ich ihm der Wahrheit gemäß sagte: „dort liegt Buxtehude". Es findet sich überhaupt für den gebornen Leipziger auf der untern Elbe manches In= teressante; denn nicht nur, daß

Finkenwärder Fischer.

sie an manchen Stellen einen Vergleich mit „Schimmel's Teich" aushält, o nein! an ihrem Endpunkte, in Curhaven, existirt noch etwas, das jeden Leipziger oder Den, der in den dreißiger Jahren dort studirte, mit Wonne erfüllen muß. Doch davon in dem Kapitel Curhaven!

Hat man Blankenese ohne strandrechtliche Behandlung passirt, so kommen eine Reihe Haideberge und Hügel, die ganz denen in der Lüneburger Haide gleichen, zum Vorschein, und es drängt sich dem Beobachter der Gedanke auf, als habe hier die Elbe den letzten

Finkenwärder Fischer beim Mittagsbrot.

Zipfel der Lüneburger Haide, die man drüben in blauer Ferne sieht, gewaltsam ab= geschnitten, um Holstein damit zu erfreuen. Diese Berge und Hügel sind übrigens die letzten trau= rigen Anstrengungen, welche das Ufer hier macht, um

Berge hervorzubringen. Bei einem
nun folgenden Schiffswerft, das
den Namen Wittenbergen
führt, laufen diese Hügel in Gestalt
einer hohen Uferbank fort, bis sie
bei Schulau plötzlich hinter einem
kleinen Gebüsch verschwinden und
in Marschland übergehen. — Hier
liegt der kleine Ort Wedel, von
wo in alter Zeit die Hauptfähre
nach dem andern Ufer abging.

Lüher Jolle.

Was die gegenüberliegende
hannöversche Seite betrifft, so bleibt der Charakter derselben fast
immer gleich. Ein fortlaufender Steindamm (Deich genannt), über
den die dahinterliegenden Bäume und Häuser hervorschauen, und
kleine mit Schilf und Weiden bewachsene Inseln wechseln mit
Sandbänken ab. Unzählige kleine Fahrzeuge kreuzen herum oder
liegen auf dem Sande und erwarten die Fluth. Die Finkenwärder

Hannöversche Landleute.

27

Fischer treiben hier unten besonders ihr Wesen. Das sogenannte Kirschenland breitet sich hinter den Deichen auf der hannöverschen Seite aus; von hier werden große Massen Obst nach England verschickt, und die sogenannten Lüher Jollen bringen dasselbe in Körbe verpackt nach Hamburg, wozu die oft mitfahrenden Landleute und besonders das Frauenvolk eine hübsche Staffage bilden.

Unterhalb Schulau liegen zwei kleine Feuerschiffe im Strom, die sich am Tage durch ihre rothe Farbe und des Nachts durch aufgezogene Lichter bemerkbar machen und den Schiffern das Fahrwasser anzeigen. Es muß übrigens ein recht amüsanter Posten sein, den ganzen Sommer auf solch' einem Wachtschiff zu sitzen, Abends die Lampen anzuzünden und dieselben Morgens wieder auszulöschen, und ist diese Gelegenheit Leuten, welche die Ruhe lieben, besonders zu empfehlen: nota bene wenn kein stürmisches Wetter ist.

Das rechte Elbufer zieht sich nun in endlosem Marschland bis nach der See hinunter und erscheint bedeutend öder als das linke; hier mündet zunächst die Lühe oder Luhe, welche das Kirschenland durchfließt, in die Elbe. Dann fährt man an einigen kleinen Inseln vorbei, die den Entenjägern wohl bekannt sind, sieht eine Dampfschifffstation, Twielenfleth, und bald darauf über Gebüsch und Bäume die fernen Kirchthürme von Stade. Wo ein kleiner Fluß, die Schwinge, in die Elbe fällt, laufen die Stader Dampfschiffe ein. Hier hat der Stader Zoll seine Sommerwohnung aufgeschlagen und zum Vergnügen der Vorübersegelnden hat man eine Batterie und ein Zollhaus errichtet. Stade soll dreihunderteinundzwanzig Jahre vor Christi Geburt neu erbaut worden sein, hat also dann jedenfalls schon vorher existirt, was indeß auf die allgemeine Weltgeschichte keinen großen Einfluß gehabt zu haben scheint.

Von nun an zeigt sich der Fluß in beträchtlicher Breite. Am linken Ufer, wo das Fahrwasser ist, liegen zwischen Bäumen und

Gebüsch einzelne Bauern=
häuser und man sieht hier
und da zahlreiches Vieh
weiden. Die Landschaft zeigt
hier übrigens nun fort und
fort denselben monotonen
Charakter, der bei ungün=
stiger Beleuchtung sehr
langweilig genannt werden
kann. Einiges Interesse er=
regt die Nachricht, daß man

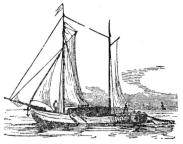

Ein Torfewer.

auf der rechten Seite Glückstadt liegen sieht, wovon ich aber
vom Schiff aus nie mehr bemerken konnte, als eine Wind=
mühle, einen großen Schornstein, ein Stück Kirchthurm und
einige unbestimmte Nebensachen, welches alles im Jahr 1620
vom König Christian IV. mit großen Geldkosten erbaut und 1625
von Tilly funfzehn Wochen lang vergeblich belagert ward,
wahrscheinlich um zu probiren, ob die Festung gut sei. Jetzt
üben die Glückstädter großen Einfluß auf die Schnürleiber
und Schirme Deutschlands aus, indem sie die meisten Grönlands=
fahrer ausrüsten und auf den Wallfischfang schicken, um
Fischbein zu holen. Sonst giebt es dort nichts Merkwürdiges
als einen Schiffsanker, den man am Thurm der Stadtkirche auf=
gehangen hat, wo er über seine verfehlte Bestimmung nachdenken
kann. Diesen Anker verloren die Hamburger 1630 in einer See=
schlacht (auf der Elbe) vor Glückstadt. Vielleicht erobern die Ham=
burger einmal eine Kirchenglocke und hängen sie als Repressalie
unter ein Schiff.

Links liegt die Insel Krautsand mit ihren Höfen und Feldern,
rechts Brunsbüttel. Dann zeigt sich in der Ferne die Stadt
Freiburg und etwas weiter hinab bemerkt man einen entfernten
Höhenzug, worauf einige Gebäude stehen. Von nun an treten die

Blankeneser Fischewer.

Ufer mehr und mehr zurück, bis man endlich auf der rechten Seite beinahe gar nichts und auf der linken sehr wenig sieht. Zu diesem Wenigen gehört der Ausfluß der Oste, von wo unzählige Torfewer das Brennmaterial für Hamburg holen, da der Torf von hier viel besser und schwerer ist als der aus der Buxtehuder Gegend. Man sieht bisweilen ganze Flotten mit schwarzem Torf beladen die Elbe hinaufsegeln, was besonders in den Herbstmonaten der Fall ist, wo die Schiffer in Hamburg schnelle Abnahme finden.

Außer diesen Torfewern sieht man hier häufig die Blankeneser Fischewer, die zum Fischfang in die See gehen oder dorther kommen.

Das nun folgende Land gehört zum Lande Hadeln, welche freundliche Gegend schon im Jahre 788 erwähnt wird, um welche Zeit Karl der Große eine Vergnügungsreise dahin unternahm. Da er aber die üble Angewohnheit hatte, in Begleitung von 20,000 Mann zu reisen und den Einwohnern ihre kostbaren Hausgötzen zu zerstören, so tractirten ihn diese wiederum mit ihren Wasserkünsten, indem sie die Schleusen öffneten. Um dieses schöne Schauspiel besser genießen zu können, zog sich Karl indeß nach den höher gelegenen Gegenden der Lüneburger Haide zurück, wo er stellenweise schwimmend ankam und sich sehr ungnädig über die Hadeler ausgesprochen haben soll.

Auf der rechten Elbseite sieht man nur noch hier und da etwas Land aus der Fluth hervorschauen, es ist aber so entfernt, daß man kaum unterscheiden kann, ob es Bäume oder Häuser sind. Zur

30

Das rechte Elbufer bei Ebbezeit.

Ebbezeit scheinen die Gegenstände in der Luft zu schweben, da sich die nassen Sandflächen nicht vom Himmel unterscheiden und die darauf liegenden Gegenstände sich scharf und klar abspiegeln, was für den Binnenländer ein neuer eigenthümlicher Anblick ist. Manchmal liegt dort drüben eine kleine Flotte von Fischerfahrzeugen vor Anker, von der bei Fluthzeit blos die Masten aus dem Wasser hervorschauen, so daß es aussieht, als wären sie versunken. Um diesen Anblick deutlicher zu machen, füge ich hier zwei Skizzen bei, die durch das Fernrohr gezeichnet sind.

Am Lande machen sich jetzt ein paar spitze Zwillingskirchthürme bemerklich, dies ist Otterndorf, weiter rechts sieht man das Ritzebüttler Schloß, endlich Curhaven, den Leuchtthurm, die Kugelbacke und noch weiter rechts gar nichts mehr, was man auch Himmel und Wasser oder See nennt.

Man bemerkt hier schon eine bedeutende Veränderung in der Farbe des Wassers, denn obgleich es noch nicht die Seefarbe hat,

Das rechte Elbufer zur Fluthzeit.

so wird es doch schon klarer und grünlicher und kann auch nicht mehr zum Trinken gebraucht werden.

Die Elbe kann hier übrigens recht hübsche Wellen schlagen, besonders wenn Nordwestwind ist, und die Seekrankheit macht dem Reisenden oft schon ihren Besuch, ehe er noch die eigentliche See sieht. Bei gutem Wetter kann man aber noch einige Meilen weiterfahren, oft ganz bis Helgoland, ohne einem Seekranken Gesellschaft leisten zu müssen.

Bei dem Landungsplatze, einem hölzernen Bollwerk, „die alte Liebe" genannt, angekommen, hält das Dampfschiff einige Augenblicke an, um die Passagiere abzusetzen, die nach Curhaven wollen, und braust dann weiter, bis es den Augen der Nachblickenden hinter dem Wasser verschwindet.

III.

Cuxhaven.

Ritzebüttel. — Seebad und Leuchtthurm. — Die Deiche. — Die
Watten und Neuwerk. — Die Nordsee.

———

Das hölzerne Bollwerk, welches zum Anlegen der Dampf=
schiffe dient, vertritt hier ganz die Stelle der Dresdner Terrasse,
denn von hier aus hat man sowohl über den Hafen als über die
Elbe eine unbeschränkte Aussicht. Das Dampfschiff von und nach

Die alte Liebe, Landungsplatz in Cuxhaven.

Helgoland wird hier erwartet, die Ankommenden gemustert, nach
aufkommenden Fahrzeugen ausgeschaut und Wind und Wetter
beobachtet. Unter dem Bollwerk, an der Treppe liegen Fährboote,
womit von und an die Schiffe gesetzt wird, was à Person 1 Mark
kostet.

Links zieht sich der Hafen hin, welcher von einigen ganz respec=
tabeln Hôtels begrenzt wird, die zur Aufnahme von Badegästen

Leuchtthurm und Badehaus in Curhaven.

eingerichtet find. Geradeaus führt der Weg nach der Stadt, Flecken
oder Dorf (Gott weiß was es ist) Curhaven, welches eigentlich
blos aus einer Reihe Häuser besteht, von denen immer das dritte
ein Wirthshaus ist. Rechts zieht sich ein langer Steindamm hin,
welcher den Deich schützt, auf dem sich der Leuchtthurm und das
Badehaus befinden. Der Fußweg führt auf diesem Deich bis
Ritzebüttel fort, während die Fahrstraße zwischen dem Deich und
den Häusern hinläuft. Der Fußweg ist mit Ziegelsteinen belegt
und bietet einen hübschen Spaziergang, da man von demselben

Schiffswerfte in Curhaven.

34

aus in die grünen Niederungen, Gärten und Baumpartien sieht, worüber hinaus theilweise die See zu sehen ist. Am innern Hafen liegen zwei Schiffswerfte, denen die Sandbänke der Elbmündung stets reichliche Arbeit schaffen. Auf dem Werft von Bufe werden oft Schiffe für Hamburger Kaufleute gebaut, weil der Baumeister einer der intelligentesten und besten Schiffsbauer an der Elbe ist und seine Schiffe alle vortrefflich segeln. Auf der Londoner Aus= stellung erhielt er für ein eingesandtes Schiffsmodell die große Medaille. Eine recht hübsche Stelle findet sich gleich bei den vor= dersten Häusern, wo ein Gastwirth einen kleinen Hof in einen Krystallpalast verwandelt hat, der dicht mit Wein, Epheu und andern Pflanzen ausgewachsen ist und wo es sich beim Plätschern eines kleinen Springbrunnens recht gemüthlich sitzt. Der Fremde wird aber stets wieder nach dem Wasser hingezogen, wo die un= begrenzte Aussicht und die ungemein schöne und reine Seeluft einen wohlthuenden Einfluß ausüben. Das Badehaus ist deshalb auch immer der Versammlungsort der Naturfreunde und Bade= gäste, welche Letztere leider nicht so häufig sind, als es Cuxhaven schon wegen seiner vortrefflichen Luft und seinen reizenden länd= lichen Umgebungen verdient. Die Ursache davon liegt wohl in der schlechten Anlage des Bades, welches man nach Duhnen an den freien Strand verlegen und für billige Fahrgelegenheit dahin sorgen sollte. Auch wird von den Cuxhavnern gar nichts für das Bekanntwerden und die Empfehlung ihres Bades gethan, so daß die meisten Leute gar nicht wissen, ob hier ein Seebad existirt oder nicht. Der vordere Hafen ist klein, aber ziemlich tief, während der innere zur Ebbezeit ganz leer läuft. Hier liegt seit vielen Jahren ein Helgoländer Fahrzeug, dessen verschiedene Besitzer es gemeinschaftlich verfaulen lassen, weil keiner seine Ansprüche darauf aufgeben will.

Geht man auf dem Deich fort, so kommt man nach Ritze= büttel, welches mit Cuxhaven beinahe zusammenhängt. Es ist ein kleiner Flecken mit jener Art Pflaster, dem ein frisch geackertes Feld unendlich vorzuziehen ist. Hat man den Flecken hinter sich und lassen die mißhandelten Hühneraugen noch etwas Humor aufkommen, so macht man beim Eingange nach dem Schloß eine Entdeckung, die man nicht erwartet hätte; denn hier findet man die alten 1830 spurlos verschwundenen Leipziger Stadtsoldaten, wunderbar gut erhalten und ohne jegliche Veränderung, wieder.

Gerstäcker erzählt in seiner Reise um die Welt, daß er auf den Sandwichsinseln e i n e n Leipziger Stadtsoldaten fand und noch dazu einen wahrscheinlichen Nachkommen, denn er war „etwas jünger". Hier aber fand ich (denn ich beanspruche die Wieder= auffindung dieses tapfern Corps) a l l e wieder und nicht etwa jünger, nein genau so wie sie waren, als ich, noch ein zarter Jüngling, ihnen Frösche und Schwärmer ins Schilderhaus legte, damit sie Pulver riechen sollten, gerade wie Jene, denen wir die Schilder= häuser mit Bindfaden umwickelten, wenn sie regnerisches Wetter darin festhielt, die sich in ihren Mußestunden mit architektonischen Arbeiten beschäftigten und im Aufbauen von Vogelbauern und der chemischen Bereitung des Vogelleims unübertroffen da= standen. Als ich am Eingange des Schloßgartens jene Gestalt erblickte, die nächst einer sehr unmilitärischen Eigenthümlichkeit, die man im gemeinen Leben Buckel nennt, eine alte rostige Flinte trug, die jedoch wunderbarer Weise wirklich ein Schloß hatte und deren Uniform von einigen freundlichen Stecknadeln zu= sammengehalten wurde, da tauchten die glücklichen Tage meiner Jugend in sonnigen Bildern aus dem verflossenen Zeitstrome auf. Jene Tage, in die kein Schatten des Kummers und Unglücks fiel, wo Geld Chimäre und Hunger Thatsache war, wo ein ewiger Krieg mit Gläubigern und Stadtsoldaten geführt wurde und bei Studien und tollen Streichen kaum Zeit zum Schlafen blieb. Ich hätte den alten Krieger umarmen mögen für die Erinnerung an jene schöne Zeit. Da dies aber die Würde des Dienstes nicht

36

Das Schloß zu Ritzebüttel.

erlaubte, unterhielt ich mich blos mit ihm, wobei er jedoch das
Unglück hatte, den Amtmann, der hier zugleich Generalfeld=
marschall ist, zu übersehen und das schuldige Honneur nicht zu
machen. Er gerieth darüber in eine Höllenangst. Ich hoffe indeß
zur Ehre der Menschheit, daß ihn das Kriegsgericht nicht zum
Tode verurtheilt hat.

Wie aber nun diese Truppen hierher gekommen sind (denn
eine so wichtige Sache muß gründlich besprochen werden), darüber
giebt schon Gerstäcker bei seinem Stadtsoldaten eine Erklärung,
der ich jedoch nicht ganz beistimmen kann. Wenn er behauptet,
daß Leipzig an der Pleiße liegt, daß diese in die Saale und diese
in die Elbe, die Letztere in die Nordsee fließt, und daß von hier aus
der Weg nach den Sandwichsinseln breit genug ist, so hat er ganz
recht. Wenn er aber die Vermuthung aufstellt, daß ein Leipziger
Stadtsoldat mit dem Schilderhaus desertirt und nach den Sand=
wichsinseln gesegelt sein soll, so hat er wohl nicht recht; denn ein

37

so guter Seefahrer wie Gerstäcker sollte doch wissen, daß Schilder=
häuser gewöhnlich keine seefähigen Fahrzeuge sind. Wenn man
annimmt, daß diese Tapfern nach ihrer Vertreibung den miß=
glückten Kriegszug Karls des Großen nach dem Lande Hadeln
wieder aufnahmen, hier aber sitzen blieben, weil sie nicht in die
See laufen wollten (denn gute Seetruppen waren sie niemals),
daß dann der Sohn eines Stadtsoldaten als Schiffsjunge mit
nach den Sandwichsinseln ging und dort das Geschäft seines
Vaters fortsetzte, so wird dies wohl die richtigste Erklärung des
sandwichsischen Stadtsoldaten sein.

Nächst der Bewachung des Schlosses scheinen diese Truppen
über die Sicherheit eines Museums zu wachen, das am Eingange
des Gartens einen Theil der Mauer einnimmt. Einige vorsünd=
fluthliche Knochen und ein paar gräßlich schmuzige Vogelbälge
sind hier aufgehangen, um die Bewunderung der Vorübergehen=
den zu erregen.

Das Schloß scheint bis auf den vordern Anbau ziemlich alt zu
sein und gehörte früher den Edeln von der Lappe. Als einige dieser
Herren gerade nicht bei Kasse waren, versetzten sie ihr Schloß an
die Hamburger und scheinen den Pfandschein verloren zu haben,
denn sie erhielten es nicht wieder zurück. Dies war im Jahre 1372.
Zehn Jahre später wollte der Herzog Erich II. von Sachsen=
Lauenburg beim deutschen Kaiser (der damals noch existirte) des=
halb klagen. Da er aber nebst andern liebenswürdigen Eigen=
schaften auch die besaß, allen Seeräubern, Stranddieben und
Wegelagerern seinen Schutz angedeihen zu lassen, nahm Kaiser
und Reich keine große Notiz von seiner Klage. Es scheint indeß,
daß die Hamburger ihres Pfandes nicht sehr froh wurden, denn
sie mußten im Jahr 1393 Ritzebüttel im Verein mit den Wurst=
friesen erstürmen, worauf sie es ruhig behielten.

Der hiesige Amtmann, welcher aus den Hamburger Senatoren
alle 6 Jahre neu erwählt wird, hat eine einträgliche Stellung,

und man nimmt bei ihrer Besetzung gewöhnlich Rücksicht auf Senatoren, die nicht zu den Millionären gehören.

Was die Seebäder betrifft, so kann man dieselben im Badehause, so wie am Deich nehmen, wo einige kleine Badehäuser errichtet sind. Das hiesige Wasser soll bei günstigen Umständen einen Salzgehalt von 216 Gran das Pfund enthalten.

Der Leuchtthurm, welcher unweit des Badehauses steht, hat blos ein halbes Licht, weil die nach dem Lande gekehrte Seite keiner Lampen bedarf.

Wer sich längere Zeit in Curhaven aufhält, sollte jedenfalls eine Tour nach der Insel Neuwerk unternehmen, denn obgleich diese Insel selbst, nächst dem Nordpol und der Wüste Sahara, der langweiligste Fleck auf Gottes Erdboden ist, so lernt man doch auf dem Weg durch die Watten eine Natur kennen, die etwas ganz Eigenthümliches hat und mitunter wunderbare Schönheiten besitzt.

Will man nicht den Weg auf dem Deich nach der Kugelbacke einschlagen, so geht man auf der Fahrstraße nach Duhnen fort. Bei der Fluthzeit hat man hier das eigenthümliche Vergnügen sich einige Fuß unter der Meeresfläche zu befinden, und das Meer wird nur von den ringsum gezogenen Deichen abgehalten, in das Land zu dringen und den ihm in Jahrhunderten abgerungenen Boden wieder einzunehmen. Diese Deiche erscheinen als wahre Riesenarbeit, wenn man bedenkt, daß sie in einer ungefähren Höhe und Breite von 25 Fuß 15—20 Meilen lang fortlaufen, den immerwährenden Angriffen des Wassers ausgesetzt sind und einer steten Bewachung und Ausbesserung bedürfen.

Man geht auf dem Wege an hübschen Gärten, Häusern und fruchtbaren Feldern vorbei, bis man nach Döse kommt, wo eine alte kleine Kirche steht. Indem man sich nun Duhnen nähert, bemerkt man, daß der Boden immer sandiger wird, und daß die Vegetation endlich in Dünengras und Sandhafer übergeht. —

39

Durch Duhnen führt ein naturwüchsiger Sandweg, der am Strande sein Ende findet, ohne eigentlich wohin zu führen. Vor sich hat man nun die unendlichen Wattenflächen, welche zur Ebbezeit trocken liegen. Der Fußgänger, welcher den Weg nach der Insel Neuwerk, längs den besenartigen Reisbündeln, die hier als Wegweiser dienen, einschlägt, macht zuerst Bekanntschaft mit einer Art Gummielasticumschlamm, der sich in großen Klumpen an die Füße hängt und dort alles Schlenkerns ungeachtet sitzen bleibt. Ist dieser Schlamm, den sie hier Schlick nennen, über= wunden, so kommt man auf Sand, der halb trocken und so hart wie Eisen ist und auf dem die Wellen der letzten Fluth deutlich ab= gedrückt sind. Ist man ein großes Stück vom Lande weg und der Sand noch naß genug, um die Wolken wiederzuspiegeln, so hat man einen wunderbaren Anblick, denn gegen Ost, Nord und West zeichnet sich bei heiterm Wetter der Horizont beinahe gar nicht ab, und die draußen segelnden Schiffe scheinen in der Luft zu schweben. Nur nach Süden zu theilt ein glänzender Streifen, der Reflex der Sonne, das Wasser von der Luft. Die Wolken spiegeln sich bis zum Vordergrund ab, was die Wirkung hervor= bringt, als ob man mitten in der Luft stände. Als Staffage dieses Luftbildes dienen tausende von Möven aller Größen, und eine Art kleiner Taschenkrebse, die bei der Annäherung eines Menschen in eiliger Flucht das Weite suchen und zwar von der Seite laufend,

weil sie wahrscheinlich aus Princip nicht vorwärts wollen und sich durch effectives Rück= wärtsgehen mit den gemeinen Landkrebsen auf eine Stufe zu stellen fürchten. Sie werden deshalb hier Dwarsläufer ge= nannt. Manche dieser Thiere schleppen eine Art Muscheln

Seekrebse oder Dwarsläufer.

mit herum, die sich auf ihren
Rücken festgesetzt haben, und
auf einigen fand ich See=
pflanzen von zwei Fuß Länge
festgewachsen.

Eine Krabbe.

Eine andere Krebsart, welche
diesen Watten eigenthümlich
ist, sind die Krabben, hier Knot
und in der Wesergegend Kranat
genannt. Sie werden zwei,
höchstens drei Zoll lang und
haben keine Scheeren. Mit
Pfeffer und Salz abgekocht
schmecken sie sehr gut. — Man
fängt sie mit Netzen millionen=

Krabbenfischer im Watt.

weise, und zur Ebbezeit sieht man die Krabbenfischer stundenweit in
die Watten hineingehen, wo sie die Krabben aus den Vertiefungen
holen, in denen das Wasser stehen bleibt. Auf dem Rücken haben
sie einen Korb, in den der Fang gethan wird. Einige mal muß man
tiefere Stellen, die kleinen Flüssen gleichen und Baltjen genannt
werden, passiren, dann steigt der Weg ganz unmerklich etwas auf=
wärts, bis man nach zwei und einhalbstündigem Marsch die Insel
erreicht, die man vom Land aus für viel näher hielt, welche
Täuschung der hohe Feuerthurm und die durch gar nichts unter=
brochene Ebene hervorbringen.

Die Insel selbst ist ein kleines Stück Land mit starken Deichen
umgeben, die einige Felder, Wiesen und Gebäude gegen die Fluth
schützen. In Zeiten der Noth, das heißt, wenn die Sturmfluthen
so hoch werden, daß sie die Deiche übersteigen, muß sich Alles auf
den alten Feuerthurm retten, dessen 18 Fuß dicke Grundmauern
schon seit Jahrhunderten den Stürmen und Fluthen widerstanden.

Dieser Thurm wurde im Jahr 1290 von den Hamburgern

Der alte Feuerthurm auf Neuwerk.

zum Schutz der Schiffahrt gegen die Strandräuber erbaut, jetzt dient er als Signal für die Schiffe, nebst noch einem hölzernen Leuchtthurm, der weiter nach der See zu steht.

Der Strandvoigt von Neuwerk bewohnt den Thurm, auf dem auch einige Zimmer zur Aufnahme von Fremden eingerichtet sind. In stürmischen Winternächten wird die erleuchtete Kuppel von Tausenden von Möven und wilden Enten umschwärmt. Die Erstern stoßen sich häufig die Köpfe an den starken Glasscheiben ein, während es schon oft vorgekommen ist, daß wilde Enten die halbzölligen Gläser und sich zugleich die Köpfe einschlugen.

Vom Thurme aus übersieht man die Watten zwischen der Elbe und Weser, so wie das inmitten beider Flüsse liegende ferne blaue Land, das letzte Ende von Deutschland auf dieser Seite.

Die Umgebung des Thurmes bilden einige Häuser, in denen die Wohnungen der Lampenwärter, die Schule und ein großes Rettungsboot auf einem Wagen sich befinden. Es ist dies das einzige Boot, welches mir auf dieser Insel zu Gesicht gekommen ist, außer einem, das halb in die Erde gegraben als Gartenlaube des Strandvoigtes diente, so wie hier überhaupt alles zu Zäunen und dergleichen angewandte Holzwerk sehr verdächtige Aehnlichkeit mit Schiffsgegenständen hat.

Nach dem Lande zu steht eine Signalstange, an der durch aufgezogene Bälle Nachrichten über gestrandete Schiffe nach Duhnen telegraphirt werden; eine dabei befindliche Kanone dient wahrscheinlich dazu, den Strandvoigt in Duhnen aufmerksam zu machen.

Da außer dem alten Thurm auf Neuwerk auch gar nichts zu sehen ist, so tritt der Fremde seinen Rückweg durch die Watten sobald als möglich wieder an und zwar gewöhnlich auf dem rothangestrichenen Leiterwagen des Strandvoigtes, von dem aus man die luft- und lichtreiche Scenerie nochmals mit Vergnügen ansieht. Die Möven folgen dem Wagen haufenweise nach und setzen sich in die Spuren der Räder, wo sie leicht Würmer finden. Hier und da sieht man auch einige Eulen, die aus den Reisbündeln, welche den Weg anzeigen, auffliegen.

Schon oft ist es vorgekommen, daß Reisende von der Fluth überrascht wurden und ihre Rettung auf den Pferden suchen mußten, die man ausspannte. Der Wagen ward dann bei nächster Ebbe entweder tief in den Sand gewühlt oder gar nicht aufgefunden. So Mancher verlor auch bei dieser Gelegenheit das Leben.

Im Winter und Frühjahr sind die Watten der Sammelplatz des Treibeises, das sich hier 20—30 Fuß hoch aufthürmt und

Die Watten bei Neuwerk.

43

einen grausig öden Anblick gewährt. Den alten Römern jagten die Watten einen panischen Schrecken ein, als sie mit ihren Schiffen darauf sitzen blieben und sich in kurzer Zeit von trockenem Land umgeben sahen, das sich stundenweit hinausdehnte.

Hat man in Cuxhaven den seewärts gehenden Dampfer wieder betreten, so entschwindet das Land bald den Blicken. An der Insel Neuwerk, der Baake auf Schaarhörn und der Lootsgaliot vorbei=steuernd, erreicht man die Nordsee, die sich durch ihr grünes Wasser auffallend vom Flußrevier unterscheidet.

Bei der Schaarhörnbaake ist die Grenze des braunen und grünen Wassers wie abgeschnitten zu sehen. Der Schaum auf den Wellen wird hier compacter und weißer und hält sich bedeutend länger als auf dem Flußwasser, und die Luft hat seewärts etwas Zarteres und Duftigeres als landwärts. Rechts und links, wo die Sandbänke Vogelsand und Schaarhörn die Einfahrt in die Elbe so gefährlich machen, sieht man die weißen Brandungen laufen, die, wenn der Sturm hinter ihnen ist, alles zertrümmern, was in ihrem Bereich auf den Grund geräth.

Da die Wellen hier eine größere Gewalt bekommen und höher und länger werden, so fängt das Schiff an zu arbeiten, was der Seemann Stampfen (die Bewegung von vorn nach hinten) und Schlingern (von einer Seite zur andern) nennt, und was den Passa=gieren im Anfang viel Spaß macht. Die Muthigsten setzen und stellen sich dann gewöhnlich ganz vorn hin, ohne jedoch einen sichern Anhaltepunkt außer Acht zu lassen, und sehen der Ankunft einer Welle so ruhig entgegen, als wären sie dies längst gewöhnt. Werden sie vom Salzwasser etwas bespritzt, so machen sie sehr gleichgültige Gesichter oder gehen ganz langsam nach hinten und suchen sich einen bequemen Platz, von dem sie meistens nicht eher aufstehen, als bis sie die Matrosen bei den Beinen wegziehen, um ihnen begreiflich zu machen, daß sie in Helgoland angekommen sind.

Das immerwährende Schwanken läßt endlich den Wunsch nach einer festen Stelle in dem Reisenden aufkommen, er sucht eine solche im ganzen Schiff vergebens und stellt sich, ärgerlich darüber, an die Schiffsseite, wo der Wind nicht herkommt, was der Seemann „im Lee" nennt, während die Seite, wo der Wind herkommt, „Luvseite" heißt.

So sehr der Anblick recht großer Wellen früher herbeigewünscht wurde, so bald steigt der Wunsch nach glattem Wasser in dem Reisenden auf, denn von dem Hin- und Herschwanken des Schiffes und der Erschütterung der Maschine wird endlich der Magen rebellisch und die Gemüthlichkeit hört auf, wo die Seekrankheit anfängt. Wir wollen indeß den traurigen Zustand unberührt lassen, in dem nach und nach der größte Theil der Passagiere geräth, ohne bei den Gesunden Mitleid, ja im Gegentheil noch Spott und Hohn zu finden. Etwas Komisches hat es für den Unbetheiligten allerdings, wenn ein baumlanger straffer Lieutenant plötzlich wie ein Taschenmesser zusammenklappt und anfängt wie ein Kind zu jammern, oder wenn ein zärtlicher Gatte, dem sonst der leiseste Wunsch der Gemahlin Befehl war, diese jetzt mit empörender Gleichgültigkeit nach einem Glas Wasser jammern hört und nicht einmal den Kopf nach ihr umdreht, oder wenn jener Pastor, der früher behauptete, durch „festen Willen" die

Erster Anblick von Helgoland.

45

Seekrankheit bezwingen zu können, endlich den festen Willen fahren und den Geist vom Fleisch beherrschen läßt.

Der Capitän Otten, dem für solche Leiden kein Fünkchen Mitleid mehr geblieben ist, setzt ruhig seinen Weg fort oder ißt gar, den Magen sämmtlicher Passagiere zum Hohn, ein Beefsteak mit Eiern; denn jetzt kann er das Schiff ruhig dem Mann am Steuer überlassen, der es auf dem ihm angegebenen Cours hält.

Endlich taucht am Horizont ein Punkt aus dem Wasser auf, der höher und höher steigend, bald die Insel und die Gebäude darauf erkennen läßt. Rechts davon erhebt sich nach und nach ein kleiner heller Punkt, die Düne mit den Baaken, die für die Schiffer als Signale dienen.

Das Schiff steuert zwischen Insel und Düne hinein, wo es den Anker fallen läßt; ein Kanonenschuß begrüßt die Ankommenden von der Insel, die Fährboote kommen heran und Alles verläßt eilig das Schiff, um an das feste Land zu gelangen.

46

IV.

Helgoland.

1. Die Insel.

Ankunft. — Die Lästerallee. — Quartier. — Die Treppe. — Das Ober=
land. — Spaziergang um dasselbe. — Der Leuchtthurm. — Kirche und
Stadt.

Die Ausschiffung der Reisenden bietet bei unruhigem Wasser
ein interessantes Bild; denn die Fährboote, welche von den Wellen
hin= und hergeworfen werden, sind bald hoch oben am Schiff, bald
tief unten an der Treppe. Hülfreiche Hände bringen jedoch die
Seekranken oder ungeschickten Landratten bald hinein, obgleich
manchmal deren Gliedmaßen in einige Verwirrung gerathen. Die
Helgoländer sehen dabei, auf ihre langen Riemen gelehnt, ge=
müthlich zu, und Einer von ihnen hat die Obliegenheit, den herab=
steigenden Damen die Kleider zusammenzuhalten, bis sie im Boot
festen Fuß gefaßt haben.

47

Mitten auf der Fahrt beginnt das Einsammeln des Fährgeldes, welches für eine Person und deren Gepäck 12 Schillinge beträgt.

Wer nun etwa geglaubt hat, er werde beim Betreten der Insel einen einsamen Seestrand höchstens von einigen Lootsen und Fischern belebt finden, der wird bald merken, daß er von einem grausamen Irrthum befangen war, denn erstens tönt ihm schon die unvermeidliche „Bademusik" entgegen, und dann wird er bald in der am Strand harrenden Menschenmenge keineswegs Fischer, sondern lauter Badegäste erkennen.

Wehe nun dem Unglücklichen, der, noch mit der Seekrankheit behaftet, das Boot verläßt und wankenden Schrittes durch die Gasse geht, welche zwei Taue und die eng an einander gedrängten Badegäste bilden, oder der, noch selbst matt und elend, eine leidende Gattin mit schiefgedrücktem Hut durch diese hohle Gasse führen muß. Freundliche Grüße und Erkundigungen nach seinem Befinden werden ihm von allen Seiten zu Theil. Kritiken seines ersten Auftretens auf der Insel werden unverhohlen über ihn ausgesprochen. „Ei guten Tag, Herr Müller", grüßt Einer von der Seite; „sind Sie auch da, Herr Schulze", ein Anderer von jener Seite, und man nennt diesen Leidensweg nicht mit Unrecht die Lästerallee.

Einiger Trost auf diesem Gange liegt allerdings darin, daß ihn Jeder machen muß, und daß man späterhin selbst zu den Bäumen jener Allee gehört und ebensowenig seine Schadenfreude über die Figur verhehlt, die der Ankommende spielt, als die Andern.

Komisch ist es anzusehen, wie Einer versucht, sehr gleichgültig zu scheinen und mit seinem Reisesack daher kommt, als ging' er durch einen einsamen Wald. Ein Anderer wirft vernichtende und verächtliche Blicke um sich. Ein Dritter versucht zu verschiedenen Malen und an verschiedenen Stellen unter dem Tau wegzukriechen und die Menschenmauer zu durchbrechen; aber vergebens, denn meistens nehmen die Damen die vordere Reihe ein und ver=

Die Läfterallee.

weigern jeden Durchgang. Viele wiſſen gar nicht, wie ihnen ge=
ſchieht; am ſchlimmſten ſind aber Jene daran, die ſich ärgern oder
gar ihren Aerger laut werden laſſen, denn ſie tragen gegen ihren
Willen dazu bei, das allgemeine Vergnügen noch zu erhöhen.

Hat man die Landung überſtanden, ſo wird das Nächſte ſein,
ſich nach einem Quartier umzuſehen, beſonders wenn man einiger
Ruhe und Erholung bedarf.

Man thut dabei am beſten, von allen Anerbietungen, die ge=
macht werden, gar keinen Gebrauch zu machen, ſondern ſich im
erſten beſten Gaſthaus auf einen oder zwei Tage ein Zimmer zu
nehmen und nun mit Ruhe eine Privatwohnung zu ſuchen, deren
man ſowohl im Unter= wie im Oberland findet. Die Wohnungen
im Unterland ſind für Leute, die nicht gern mehrere Male täglich
die Treppe ſteigen wollen, bequemer. Auch liegen die Hauptver=
gnügungsorte, das Converſationshaus und der Pavillon, hier, ſo
wie die beliebten Spaziergänge, die Geſundheitsallee und die

Die Treppe.

Bindfadenallee, in welchen beiden die Badegäste an kühlen Aben=
den wie wahnsinnig hin= und herlaufen.

Die Wohnungen im Oberland haben mitunter kleine Gärten
und die Annehmlichkeit einer unbeschränkten Aussicht auf die See,
besonders die an der Falm gelegenen, welche auch höher im Preise
stehen als die in den kleinen Gassen versteckten.

Die Treppe, auf der es allein möglich ist, zum Oberland zu ge=
langen, macht sich schon vom Landungsplatze aus bemerklich. Sie
ist von den Dänen etwa 1770 erbaut, in ihrer jetzigen Gestalt von
der englischen Regierung 1834 neuerdings aufgeführt worden,
und zählt 184 Stufen.

Hat man die Höhe erreicht, so sieht man am Geländer fast regel=
mäßig eine Anzahl Lootsen sich der angenehmen Betrachtung der
See widmen, auf der sie tagelang und unverdrossen ihre Luchs=
augen umherschweifen lassen, bis es ihnen gelingt, endlich die
Lootsen= oder Nothflagge an einem Schiff zu entdecken, oder, was
ihnen noch lieber ist, ein Wrack zu sehen, wovon ihnen stets der
dritte Theil gehört. So fanden sie im Winter 1853 ein gekentertes,

50

das heißt gänzlich umgekehrtes Schiff, das sie indeß, wiewohl sich beinahe ganz Helgoland mit seinen Fahrzeugen vorspannte, nicht von der Stelle brachten, weil es wahrscheinlich mit den Masten auf dem Grund saß. Man mußte nach Cuxhaven und das Dampf= schiff Elbe zu Hülfe holen, dem man mit stiller Wehmuth einen guten Theil des Profits zukommen ließ. Die Ladung bestand in Thran, wovon natürlich die besten und unversehrten vollen Fässer auf Helgoland blieben und die großen Fischerstiefel reich= licher als gewöhnlich geschmiert wurden.

An der Falm, wo eine Reihe von Wirthshäusern steht, hin= gehend, gelangt man bei den letzten Häusern zur Residenz des Gouverneurs, die aus einigen kleinen netten Häusern besteht, an die sich ein hübscher Garten und ein Hühnerhof anschließt. Der Marstall des Gouverneurs besteht aus einer Kuh, die einzige, welche auf der Insel existirt und worauf die Helgoländer mit Stolz und Bewunderung blicken.

Hinter des Gouverneurs Haus gelangt man „auf die Klippe", das heißt an den Rand der Felswand, von wo aus man das Meer ringsum den Horizont einnehmen sieht.

Die Klippen, welche hier gegen 200 Fuß hoch sind, fallen fast senkrecht ab, und man muß sich sehr hüten, den äußersten Rand

Lootsen auf der Falm.

51

Des Gouverneurs Haus.

derselben zu betreten, weil man leicht mit dem losen verwitterten Gestein hinunterstürzen kann.

Bei hellem Wetter und günstigem Wind sieht man in der Entfernung oft das ganze Meer mit aller Art Schiffen bedeckt, die aus oder in die Elbe segeln und wozu sich manchmal Dampfschiffe gesellen, die ihren Weg durch einen langen Rauchstreifen bezeichnen und eins nach dem andern von den Segelschiffen hinter sich lassen.

Aussicht von der Klippe.

Bei leicht bewölktem Himmel, wenn die Wolkenschatten über das Meer laufen und dessen Farbe jeden Augenblick verändern, so daß es wie eine Pfauenfeder spielt, kann man stundenlang stehen und diesem Naturspiel zusehen. Ebenso interessant sind die Wogen, die besonders bei Südwestturm sich gegen die Felsen anwälzen und deren salziger Schaum bisweilen vom Winde hier heraufgetragen wird.

Von der Südspitze der Klippe übersieht man das ganze Unterland, die Düne, und erblickt zur Rechten den isolirt stehenden

Die Baake, der alte und der neue Leuchtthurm.

Mönch, der aus der Tiefe herausragt. Geht man weiter, so kommt man an die Baake, hinter der man auf einem Hügel den alten Feuerthurm sieht, daneben steht ein Schuppen und unweit davon der von einer Ringmauer eingeschlossene neue Leuchtthurm, den die Engländer 1810 erbaut haben.

Den Leuchtthurm kann man, so lange die Lampen noch nicht angezündet sind, besuchen und hat von hier aus die beste Uebersicht über die ganze Insel. Durch das Haus des Lampenwärters tritt man in den Thurm und ersteigt denselben auf einer Wendeltreppe, auf deren gußeisernen Stufen das Wort ENGLAND zu lesen ist. Der ganze Thurm ist mit weißer Oelfarbe angestrichen und wird immer sehr rein gehalten.

Durch das Fernrohr kann man bei gutem Wetter den Thurm auf Wangeroge sehen. Da er aber nur zur Hälfte aus dem Wasser steht, so glaubt man dort eine versunkene Stadt zu erblicken. Ebenso zeigt sich die Baake von Schaarhörn bei Neuwerk. Sonst ist ringsum kein Gegenstand zu entdecken, der auf die Nähe von Land schließen läßt.

Genau bei Sonnenuntergang beginnt das Anzünden der Lampen, welche nach Sonnenaufgang wieder ausgelöscht werden. Es sind deren 24 in zwei Reihen mit silberbelegten Reflectoren, welche immer spiegelblank geputzt werden.

Ist man vom Leuchtthurm gestiegen, so setzt man seinen Weg längs der Klippe auf dürftigem Grasboden fort, auf dem eine Menge Schafe angepflöckt sind, die hier den ganzen Sommer Tag und Nacht bleiben und die Helgoländer mit Kaffeemilch versorgen müssen.

Nicht weit vom Leuchtthurm hat man, auf der Klippe vortretend, eine hübsche Ansicht von der Höhle „Möhrmers Gatt", die viel Aehnlichkeit mit dem Prebischthor in der Sächsischen Schweiz hat. Von hier aus kann man die Höhe der Felsen am besten beurtheilen, wenn besonders einige Menschen sich auf denselben befinden. Auch tritt hier am meisten die rothe Farbe der Wände mit den schräg durchlaufenden weißen Streifen hervor, welche die Natur in einer eigensinnigen Laune und aller Harmonie zum Trotz an den helgoländer Felsen angebracht hat. Es bedarf überhaupt der günstigsten Umstände, welche bei landschaftlicher Beleuchtung zusammentreffen können, um die ziegelrothen Felsen, das blaugrüne Meer, den grasgrünen Rasen und die blaue Luft so zu stimmen, daß einige Harmonie hineinkömmt; denn bei heller Tagesbeleuchtung sind diese Farben neben einander gesehen, ein

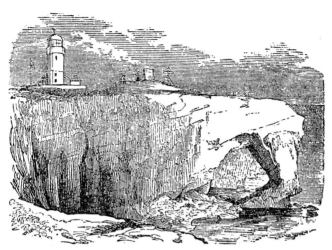

Möhrmers Gatt von der Klippe aus gesehen.

Mißton, der die schönsten Formen ebenso verderben kann, wie eine schlechte Melodie ein schönes Gedicht. Es will deshalb auch dem besten Maler nicht recht gelingen, mit Beibehaltung der Lokalfarben ein gutes Bild von Helgoland hervorzubringen. Nur dem alle Farben versöhnenden Monde gelingt es, die Natur hier in einem schönen feierlichen Accord erklingen zu lassen.

Längs der Klippe fortgehend, kommt man noch öfter an Stellen, die eine schöne Aussicht bieten. Mitunter sieht man tief unter sich kleine Boote, die eine Spazierfahrt um die Insel machen, und welche von der Höhe wie niedliches Spielzeug aussehen. Eine Stelle ist besonders hübsch, wo man unten zwei kleine, aus dem Wasser hervorragende Klippen, den „Pastor und seine Frau", sieht, und rechts die letzten Felswände sich nach der Nordspitze hinziehen. Von hier aus macht sich der Sonnenuntergang viel schöner als von der äußersten Nordspitze, wo die Badegäste gewöhnlich

55

Aussicht nach der Nordspitze.

auf einer langen Bank sitzen und das Hinabsinken der Sonne wie
eine Tasse Kaffee genießen.

Da der Rand der andern Seite der Klippe gar nichts Interessantes bietet, so tritt man den Rückweg durch die berühmte Kartoffelallee an, welche eine die ganze Insel durchschneidende Kunst-
straße ist, auf der man im Schatten der umliegenden Kartoffelfelder lustwandelt. Die Helgoländer scheinen indeß das Wort
„Allee“ etwas willkürlich und unpassend anzuwenden, denn ihren
Alleen fehlt gerade Das, was eine Allee macht, die Bäume, die
auf der Insel überhaupt nicht aufkommen können, weil sich der

Wind in den Kopf gesetzt hat, sie nicht wachsen zu lassen. Hinter seinem Rücken sind jedoch von der Klippe und den Häusern geschützt am Fuß der Treppe einige Linden gewachsen, die man doch nicht geradezu „Strauch" nennen kann, welche Stelle die Helgoländer die „Treppenallee" zu nennen beabsichtigen sollen. Unter diesen Bäumen sitzen gewöhnlich die Fischverkäufer.

Den größten Theil des Oberlandes nehmen Kartoffelfelder ein, deren Früchte stets vortrefflich gedeihen, denn die beiden modernen Krankheiten, Kartoffelkrankheit und Cholera, sind bisher fern von der Insel geblieben.

Die Kirche selbst ist ein altmodisches uninteressantes Gebäude aus dem 17. Jahrhundert. Der Gottesacker umschließt dieselbe. Hier liegt die Schauspielerin Malwina Erk begraben, welche im Herbst 1853 auf der Düne vom Blitz erschlagen ward. Sie hatte Petersburg aus Angst vor der Cholera verlassen, um hier ihrem traurigen Geschick entgegen zu eilen.

Neben der Kirche steht die Schule, ein hübsches Gebäude mit großen Fenstern, an das sich ein netter Garten schließt.

Wenn man durch die kleinen Gassen der Stadt nach der Treppe zurückgeht, so hat man die beste Gelegenheit, die Bauart der Häuser, wie sie vor der Badezeit waren, zu sehen. Meistens sind es blos Erdgeschosse mit einer Kammer unter dem Dach und mit der möglichsten Benutzung des kleinsten Raumes.

Im Frühjahr sieht man hier Fischergeräthschaften und die zum Trocknen aufgehängten Fische, die Schinken der Helgoländer, in langen Reihen an den Häusern der Luft und Sonne ausgesetzt; denn im Winter leben die ärmern Leute von Fischen, wie im Sommer von Badegästen. Vielleicht erfinden sie später noch die Kunst, die Badegäste zu salzen und zu trocknen, um sie für den Winter aufzuheben.

Nach der etwas abfallenden und gegen den Wind geschützten Ostseite zu, haben die Häuser öfter kleine Gärten mit Blumen und

Obstbäumen, und man findet hier nette und billige Wohnungen, die von allem Geräusch entfernt liegen.

Wie gut die Leute Umstände und Sachen zu benutzen wissen, kann man unweit der Kirche sehen, wo ein Helgoländer seinen alten Wasserstiefel in eine Wasserleitung verwandelt hat, indem er ihn mit der Oeffnung unter die Dachrinne band, die Schuhspitze durch die Bretwand und über ein Faß steckte, und durch ein Loch darin das Regenwasser in seinen Behälter laufen läßt! Wohl bekomm's ihm!

Die Länge des ganzen Oberlandes von der Nord= bis zur Süd= spitze beträgt etwa 6000 Fuß; die Breite kaum 2000.

Als Vergnügungsort des Oberlandes ist hauptsächlich „Das grüne Wasser", ein Tanzsalon in der Leuchtthurmstraße zu er= wähnen, weil hier die Helgoländer zum Tanz zusammenkommen. Mitunter haben die Tänze etwas Originelles, so gibt es einen, wo ein Mann mit oder vielmehr gegen zwei Mädchen tanzt und dabei fürchterlich mit den Füßen zappelt, bis er vor Anstrengung im Gesicht ganz roth ist. Je schneller Einer zappeln kann, je mehr steigt sein Ruhm als Tänzer.

———

Das Unterland, wohin wir jetzt zurückkehren, liegt auf einer Art Landzunge, die wahrscheinlich ein Ueberbleibsel des Flach= landes ist, das einst den Felsen umgab und sich über den Gesichts= kreis hinausdehnte.

Wenn man zunächst den Strand besucht, der aus Sand und kleinem Steingeröll besteht, so ist die rothe Farbe des Wassers auffällig, welche dieses in der Nähe des Landes vom Grunde an= nimmt. Der besonders nach Stürmen angeschwemmte Seetang verbreitet einen auffallenden, scharfen Geruch, Einige behaupten Gestank, der indeß nicht ungesund sein soll. Mit einer Art Ent= setzen betrachten die Landratten diesen braungelben, stinkenden,

Originelle Wasserleitung.

klebrigen Seetang, der wie schlafende Schlangen sich am Boden hinringelt und mit seinen Wurzeln noch kleine Felsstücken umklammert hat, die der Sturm mit ihm ausgerissen.

Dazwischen finden sich in der Ebbezeit kleine Seethiere, denen von naturforschenden Dilettanten eifrig nachgespürt wird. Manchmal macht wohl auch Einer den Versuch, einen 20 Fuß langen Tang mit nach Hause zu nehmen, indem er ihn wie eine Aderlaßbinde zusammenrollt und in den Koffer steckt.

Das Badehaus, welches hart am Strand steht, enthält das Comptoir der Badedirection und Vorrichtungen für warme Bäder. Hier kauft man die Karten zum Bad auf der Düne, so wie die Fährmarken. Auch ist hier die Redaction der Fremdenliste, welches Blatt in zwanglosen Heften von zwei Seiten erscheint und nur Persönlichkeiten enthält, indem es die Namen der angekommenen Fremden bringt. Es wird in Curhaven gedruckt, denn in Helgoland selbst wird die Kunst Guttenbergs ebensowenig ausgeübt, wie die Reitkunst, weil Buchdrucker und Pferde wahrscheinlich verhungern würden.

Geht man die Straße beim Badehaus hinauf, so kommt man zum Conversationshaus, in dem sich die Fremden meistens versammeln. Für Zeitungsleser ist dies ein gesuchter Platz, weil hier die größte Auswahl verschiedener Blätter zu finden ist. Tanz=lustige finden ebenfalls hier Befriedigung auf den Bällen, die wöchentlich mehrere Male abgehalten werden. In den Unterhal=tungen, die in allerhand Vorträgen von Dilettanten und Künst=lern bestehen, herrscht ein ungezwungener, gemüthlicher Ton, und der Spielsaal übt keineswegs die kleinste Anziehungskraft des helgoländer Bades aus. Es wird Roulette und Pharao gespielt und man kann, ohne selbst mitzuspielen, manche interessante Stunde dort verbringen.

Die Bindfadenallee ist eine Straße, die sich vom Strand nach der Südspitze hinzieht und ihren Namen wahrscheinlich von der Thätigkeit einiger Seiler hat, die hier ihre Taue drehen. In ihr befinden sich die wichtigsten Etablissements der Insel, nämlich die Barbierstube, die Apotheke, die Uhrmacherwerkstatt und die Leihbibliothek mit über 20 Bänden der beliebtesten Romane, die der würdige Eigenthümer gegen wöchentliches Abonnement ver=leiht. Auch der Bäcker hat seine Schätze hier ausgebreitet, und

Das Badehaus.

Das Converfationshaus.

am Ende der Straße streckt sich eine Kegelbahn aus, daneben eine Bierbrauerei und neben dieser das sehr besuchte Speisehaus „Fremdenwillkommen", wo man gut und billig ißt und das beste Trinkwasser der ganzen Insel findet.

Am Ende der Bindfadenallee ist das Inselbad, welches von solchen Patienten benutzt wird, welche die Ueberfahrt nach der Düne nicht vertragen können, indem sie bei der geringsten Bewegung des Bootes seekrank werden. Es hat das Unangenehme, daß der Boden steinig ist und plötzlich in die Tiefe geht. Auch fehlen die Brandungen, welche auf der Düne stets laufen und ein Hauptvorzug des Seebades sind. Das Wasser ist zudem roth und der Boden öfter mit Seegewächsen bedeckt. Das Bad wird meist von Damen benutzt, weshalb in den Morgenstunden ein Helgoländer stets auf der Lauer steht und die Spaziergänger, die die Klippe besuchen wollen, daran zu hindern sucht.

Dem Converfationshaus gegenüber geht die Straße nach der Treppe hinein, in der sich eine Obst- und einige Naturalienhandlungen befinden, in denen oft die Landratten ostindische Muscheln kaufen und ihren Freunden in der Heimat weismachen, sie hätten sie auf der Düne gefunden.

Auch kann man hier Jagdgewehre, per Tag 4 Schilling, leihen und Pulver und Schrot kaufen. Für Liebhaber von Duellen finden sich sogar Pistolen vor, welche die liebenswürdige Eigenschaft haben, die Seitwärtsstehenden zu treffen, weshalb es den Secundanten dringend empfohlen wird, sich bei vorkommender Gelegenheit in den Sand zu graben oder gerade vor den Duellanten zu stellen.

Das Hübscheste, was man in diesen Handlungen, z. B. bei Peter Aeukens, haben kann, sind kleine Herbarien von einigen 30 auf Papier gepreßten Seepflanzen, die sich durch ihre wunderbaren Farben und Formen auszeichnen.

Da wo die Bindfadenallee nach der Gesundheitsallee ausmündet, dicht unter den Felsen hinter den Häusern versteckt, liegt die Weinhandlung von Buffe, welche sich ganz besonders zum Frühstücken eignet, wenn man dies nicht auf der Düne thun will.

Geht man zum Strand zurück, der immer wieder das Endziel der Spaziergänge ist, so thut man am besten, sich in den Pavillon zu setzen und das Treiben dort zu beobachten. Die Lootsen und Schiffer, welche hier den ganzen Tag herumlungern und auf Leute warten, welche auf dem Wasser fahren wollen, sind echte Seemannsgestalten und in der Führung ihrer Fahrzeuge ganz unübertrefflich.

Unter einigen bekannten Persönlichkeiten ragt besonders „der lange Fischer" hervor, der große Aehnlichkeit mit einem auf den Schwanz gestellten Hornfisch hat, im Bewußtsein seiner unendlichen Schönheit aber die Damen mit zärtlichen und die Männer mit geringschätzigen und mitleidigen Blicken betrachtet. In Helgoland geht die Sage, daß ihn einst eine reiche Gräfin heirathen werde, dieselbe ist indeß aus unbekannten Ursachen bis jetzt noch nicht angekommen.

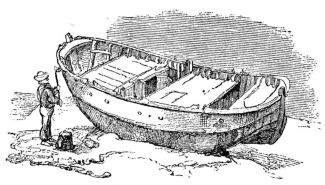

Helgoländer Schlupp.

Die Fahrzeuge der Helgoländer haben eine eigenthümliche Bau=
art und sind auf wenig Tiefgang berechnet. Sie schwimmen des=
halb ganz ausgezeichnet, und wenn man sie im hohlen Wasser
segeln sieht, so springen sie förmlich über die Wellen hinweg. Sie
werden aus ausgesuchtem Eichenholz, das man Wagenschott
nennt, gebaut und sind sehr theuer, aber auch ungemein haltbar.
Man nennt sie Schluppen (Schaluppen). In diesen beinahe
ganz offenen Fahrzeugen segeln die Insulaner nach Hamburg,
um Austern, Hummern und Schellfische auf den Markt zu
bringen.

An den Vordertheilen der Schaluppen sind meistens Bilder an=
gebracht und zwar von Künstlern der helgoländer Schule. Die=
selbe nähert sich weder der münchner, düsseldorfer noch franzö=
sischen, sondern hat eine etwas byzantinische, den ersten Uran=
fängen dieser Schule ähnliche, mit einigen altdeutschen Elementen
gemischte Richtung, die aus ungetrübter Naturanschauung her=
vorgegangen ist.

Alle Fächer, vom historischen Genre bis zum Portrait und der
heraldischen Malerei, sind vertreten, nur die Landschaft fehlt.

63

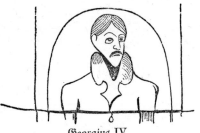

Georgius IV.

Ludwig, Herzog von Oldenburg.

Carsten Dreyer.

Ich kann nicht unterlassen, dem Leser einige treu copirte Bilder dieser Schule vorzuführen, die hier gewissermaßen als helgoländer Kunstausstellung dienen.

Zuerst kommt das Porträt Georgius des Vierten, dessen charaktervolle Darstellung nur durch einen etwas manierirten Vortrag gestört wird, den sich der Künstler besonders in Haar und Kleidung angewöhnt hat. Anspruchsloser ist schon das Bild Ludwig's, Herzogs von Oldenburg, gehalten, so wie ein mehr ins Genrefach schlagendes Stück mit dem Motto: Der Herr wolle bewahren, alle die mit dem jungen Carsten Dreyer zur See fahren", welches einen gemüthlichen jungen Mann, wahrscheinlich Portrait, mit braunem Frack und gelben Hosen darstellt, der in der einen Hand die helgoländer Flagge und in der andern eine unbekannte Getreideart hält. Zu seinen Füßen wogt das Meer, welches indeß weniger skizzenhaft ausgeführt sein dürfte, obgleich es augenscheinlich als Nebensache behandelt ist.

Die nun folgende Darstellung des Neptun dürfte zu den besten Bildern der helgoländer Schule gezählt werden, denn die Stellung des ruhenden „Neptunus" ist klassisch. Der zu den Füßen des

Neptunus.

65

Fortuna von 1817.

Meergottes spielende Fisch, der einem untergegangenen Geschlecht angehört, ist vortrefflich dargestellt und erfüllt den Beschauer mit ahnungsvollem Grauen über die unbekannten Bewohner der Meerestiefe. Der einzige leise Tadel, der dies Bild treffen könnte, ist der etwas rothe Fleischton, womit indeß der Künstler jedenfalls die Wirkung der Seeluft hat andeuten wollen.

Die nächsten zwei Bilder der Fortuna sind zugleich als besonders wichtige Documente des Kunstverfalles, in dem sich leider die helgoländer Schule befindet, zu beachten. Die „Fortuna" von 1817 zeigt noch jene edle Einfachheit, die uns aus altdeutschen Bildern entgegentritt. Und welche feine Anspielung liegt nicht in dem dünnen Bein, auf dem die Fortuna steht, während der musku=löse Schenkel des andern Beines das schnelle und plötzliche Ent=weichen des Glückes andeutet! Wie leichtfertig, der neuern frivolen

66

Richtung annähernd, ist dagegen die „Fortuna" von 1824 ge=
malt, und mit wahrer Entrüstung muß es den Kenner erfüllen,
wenn der Künstler, um den Beifall der großen Menge zu erlangen,
einen eingeschlagenen Nagel als Nabel der Figur benutzt, der doch
sonst alle anatomischen Andeutungen fehlen. — Die Heraldik ist
mehrfach vertreten. Das hervorragendste Bild darin ist „das
bremer Wappen", worauf die Löwen eine lobenswerthe Aus=
nahme von dergleichen heraldischen Darstellungen machen.

Mit dem Portraitiren von Privatpersonen befassen sich die
eingebornen Künstler nicht, sondern überlassen dies den Malern,
die vom Festlande herüberkommen. Unter diesen ist besonders ein
Pastellmaler bemerkenswerth, der Männer mit wildblickenden
und Damen mit schmachtenden Augen malt, wofür man den Preis
von 1½ bis 2 Thaler nicht zu hoch finden wird. Wenn sich die
Badegäste etwa säumig in Aufträgen zeigen, so unterläßt er nie
einen Anschlag an sein Fenster zu heften, worin er bekannt macht,

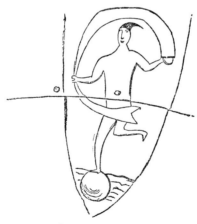

Fortuna von 1824.

67

Das bremer Wappen.

daß er blos noch einige Tage auf der Insel verweilen werde und
Denjenigen zur Eile rathe, die sich noch malen lassen wollen. Na=
türlich stürzen die Fremden in Todesangst nach seinem Atelier, um
ihre Bildnisse zu erhalten.

Als Darsteller der helgoländer Natur ist Gätke rühmlich be=
kannt. An diesem Künstler, der vor sechszehn oder siebzehn Jahren
nach Helgoland kam, fanden die Helgoländer so viel Gefallen, daß
sie ihn dort behielten, bis er sich gänzlich als Familienvater ein=
gebürgert hatte. Er macht reizende Zeichnungen, während seine
Bilder an kleinen Härten leiden, die nicht vorkommen würden,
wenn er Gelegenheit hätte, die Werke anderer Künstler von Zeit
zu Zeit zu sehen, welcher Genuß ihm auf Helgoland gänzlich ver=
loren geht. Berühmt ist er noch als Jäger und im Ausstopfen von
Vögeln, von denen er eine schöne Sammlung hat.

Vor dem Pavillon ist gewöhnlich die Jugend der Insel ver=
sammelt, die von den Fremden einigen Verdienst zu erlangen hofft.
„Werfen Sie einen Schilling in die Krawwel", schreien 20 junge
Lootsen den Badegast an und stürzen sich, wenn er ihrer Bitte
nachkommt, in einen Knäuel geballt darüber her, was allerdings
ein komisches Schauspiel ist.

Einige Andere haben sich irgendwo eine alte Weinflasche zu
verschaffen gewußt und suchen nun einem Spaziergänger einzu=

reden, daß es ein besonderes Vergnügen gewähre, diese Flasche entzwei zu werfen, was blos vier Schillinge kosten soll, von denen sie sich indeß drei abziehen lassen. Wieder Andere halten einen gefangenen Vogel in der Hand, den sie gegen ein kleines Honorar fliegen lassen, und wenden sich meistens an die Damen, weil diese das kleine Thier eher befreien als die hartherzigen Männer.

Auch befindet sich der Handel mit Seeäpfeln oder Seeigeln in den Händen der Jungen, welche diese Thiere bei Ebbezeit hinter den Klippen fangen, dann kochen oder roh ausnehmen und sie mit und ohne Stacheln verhandeln, gewöhnlich das Stück zu 1 oder 2 Schilling.

Ein anderer Industriezweig der Jugend ist das Vogelstellen, das hier nebst dem Fischefangen nicht zu den Lastern, sondern zu den Tugenden gehört und eifrig betrieben wird.

Auf vorspringenden Klippen machen sich die Vogelfänger einen künstlichen Ameisenhaufen, worüber ein dahinterliegendes Netz gezogen wird, sobald sich Vögel dort gütlich thun wollen. Der

Vogelsteller.

Fänger lauert unverdrossen, etwa 100 Schritt davon mit der Zug-
leine in der Hand. Im Spätsommer kommen von Schweden her-
über eine Art Finken, die manchmal massenweis gefangen werden.

Auf der Insel findet man allenthalben hohe Stangen aufgestellt, zwischen denen im Frühjahr große Netze ausgespannt
werden, worin man Schnepfen fängt. Dieser Schnepfenfang war
früher sehr ergiebig, so daß die ganze Insel auf die Beine kam,
wenn der Schnepfenstrich begann. Dann gibt es freilich andere
Beute als bei uns, wo man sich nach e i n e r Schnepfe acht Tage
lang die Beine ausläuft und sie dann am Ende gar nicht zu sehen
bekommt.

Nächst den Lootsen und der Jugend sind es nun die Badegäste,
welche durch ihre verschiedenen Trachten und Manieren großen
Stoff zur Unterhaltung geben.

Gewöhnlich wird ein Comité aus den Gästen gewählt, welches
die Anordnung der Vergnügungen und dergleichen übernimmt
und bei schlechtem Wetter regelmäßig in Verzweiflung ist, weil es
nicht weiß, womit es seinen Schutzbefohlenen die Zeit vertreiben
soll.

Die geselligen Badegäste finden sich bald in Gruppen zusammen,
welche Freud und Leid miteinander theilen und wo öfter sehr an-
genehme Bekanntschaften gemacht werden. Die Ungeselligen
laufen einsam am Strand umher, Einer wie ein wahnsinniger
Storch mit großen Schritten, der Andere langsam, die Hände auf
dem Rücken und nur widerstrebend der anwachsenden Fluth
weichend, die er mit grimmigen Blicken betrachtet. Ein Dritter
steht wie ein vergessener Regenschirm, ohne sich zu rühren, stundenlang im Sande und guckt nach Seehunden aus, während ein
Vierter sich die Taschen voll Steine und Pflanzen stopft, die ihm
das Dienstmädchen am andern Morgen beim Reinmachen regelmäßig herauswirft. Einige Andere machen sich das Vergnügen
mit den anbrandenden Wellen „Kriegen" zu spielen, indem sie der

70

ablaufenden Welle nachgehen und vor der nächsten ankommenden ausreißen, die sich dann den Spaß erlaubt, ihnen die Stiefel voll= zufüllen, wenn sie sich einholen lassen.

Sehr komisch ist es anzusehen, wenn der Wind sein Spiel mit den Spaziergängern treibt und sie zwingt sich jeden Schritt zu erkämpfen, den sie gegen ihn thun, während er sie bald ins Meer jagt, wenn sie mit ihm gehen. Plötzlich erhebt sich dann wohl ein Hut aus der Menge, der trotz aller Vorsicht seinem Besitzer ent= schlüpfte und der nun wie ein Wagenrad dem Wasser zuläuft, verfolgt von seinem Herrn, der umsonst nach ihm greift und end= lich barhäuptig am Ufer steht, um der Spazierfahrt zuzusehen, die seine Kopfbedeckung auf eigene Hand nach der Düne unter= nimmt.

Manchmal wird der Ausreißer noch glücklich ertappt, indem er sich entweder in eine Ecke verläuft oder von einigen Entgegen= kommenden mit Stöcken und Regenschirmen überfallen und ge= fangen genommen wird. Zur Strafe für sein Entweichen wird er dann an ein Gummiband gelegt, welches, im Knopfloch festge= bunden, ihm blos den nöthigen Spielraum zum Grüßen läßt, seinen fernern Ausflügen aber ein Ziel setzt.

Auf der Klippe sieht man regelmäßig jene Badegäste, die der Seeluft wegen hergekommen sind. Diese stehen dann gewöhn= lich gegen den Wind und schlucken von dieser heilsamen und sehr billigen Medicin, so viel sie durch Nase und Mund kriegen können, wobei sie sich jedenfalls den Magen weder verderben noch überladen.

Im Pavillon kann man sich beim Kaffeetrinken das Ver= gnügen machen, die Schiffe, welche am Horizont aufkommen, durch das Fernrohr zu beobachten, welches als Inventarstück hier liegt. Besonders interessant ist es für den Binnenländer, wenn die oberste Stenge eines Schiffes über dem Horizont erscheint und dann nach und nach das ganze Schiff aus dem Wasser empor=

71

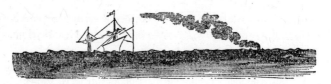

Entfernte Schiffe durch das Fernrohr gesehen.

steigt. Die beifolgende Zeichnung ist durch das Fernrohr auf=
genommen und zeigt ein Schiff, das bis zu den Stengen über den
Horizont herauf ist und auf dessen Bramraaen die Segel gerefft
werden. Nahebei sieht man den Rauch eines Dampfschiffes, das
noch unter dem Horizont ist.

Oft kann man auch nordwärts die Fischer in ihren Booten
beobachten, wenn sie nach den Hummerkörben aus sind. Man
sieht sie dann gänzlich im Wasser verschwinden und gleich darauf
wieder auf der Spitze einer Welle erscheinen. Bei dieser verzweifel=
ten Schaukelei treiben sie ganz gemüthlich ihre Beschäftigung.

———

Zu den angenehmsten Unterhaltungen gehört unstreitig eine
Spazierfahrt um die Insel, welche man bei Fluthzeit macht, um
die Höhlen und Klippen in der Nähe anzusehen. Zur Ebbezeit
kann man beinahe um die ganze Insel gehen, was indeß Niemand
zu rathen ist, der nicht gute Wasserstiefeln hat und sehr genau mit
Ebbe und Fluth bekannt ist; denn der Boden, den das Wasser
verläßt, ist voller Löcher und mit schlüpfrigen Seepflanzen be=
deckt, und die anlaufende Fluth zwang schon manchen Vorwitzigen,
sechs Stunden lang auf einem Felsstück zu sitzen und Klagelieder
zu singen. Einige mußten sogar die Nacht, wie verzweifelte Fett=
gänse, dort verbringen und kamen erst am andern Morgen halb
verhungert im Unterland wieder an.

Der Mönch.

Am besten ist es, die Fahrt in Gesellschaft von einigen Per=
sonen zu machen, die den Schiffer gemeinschaftlich annehmen.
Man fährt gewöhnlich beim Badehaus ab, zwischen den vor

73

Der Mönch, aus der Grotte beim Predigtstuhl gesehen.

Anker liegenden Schluppen und großen Hummerkästen durch und an der steilen Felswand hin, die sich nach der Südspitze zieht. So wie man um die Ecke biegt, erblickt man einen isoliert stehenden, imposanten Felskegel, welcher der Mönch heißt oder vielmehr jetzt so genannt wird, denn der eigentliche Mönch ist schon lange von den Wellen zertrümmert worden, die sogar sein Fundament bis zu einem kleinen runden Stein abgespült haben, der sich zur Ebbezeit aus dem Wasser erhebt. Hinter dem Mönch macht die Klippe eine kleine Bucht, in welcher der Predigtstuhl, ein kanzel= ähnlicher Felsen, liegt, wobei man eine kleine Grotte findet, aus der man eine hübsche Ansicht des Felskegels hat.

In dieser Ecke werden immer eine Menge Seepflanzen an den Strand gespült, so daß der gelbbraune Tang oft den ganzen Boden bedeckt.

Hierauf folgt ein beinahe viereckiger, oben mit Gras bewach= sener Fels, den die Helgoländer Hoyshörn nennen. Dahinter ein kleiner Stein, Tau Stack genannt, und daneben, gleichsam als Wächter einer dunklen Höhle, der Düvstein. Bei ihm ist der Eingang zu der im vorspringenden Felsen befindlichen Grotte Jung Gatt, welche durch die ganze Felswand geht. In der Mitte dieser Höhle befindet sich ein Spalt, der nach der Westseite auf das Meer hinaus führt, und durch den sich bei Sturm die Wogen wie gewaltige Wasserfälle in die Höhle stürzen und sie mit ihrem Gebrüll erzittern machen. Es ist auch nicht sehr rath= sam lange Spaziergänge in der Grotte vorzunehmen, indem von Zeit zu Zeit kleine Felsstücken von zwei= bis dreihundert, wohl auch noch mehr Pfund, herunterfallen.

Neben Jung Gatt ist das Felsenthor Möhrmers Gatt, das die schmale Felswand in ziemlicher Höhe ganz durchbrochen hat, und welches man schon von oben sah.

Hinter Möhrmers Gatt folgt eine lange Klippenreihe, in deren Fuß kleine schmale Höhlen und Sprünge sind, die nach der Insel hineinlaufen und öfters stark an die egyptische Architektur in der Zauberflöte erinnern, wo Herr Sarastro in solchen Lokalen logirt. Wem die Wohnungen in der Stadt zu theuer sind, der hat hier Gelegenheit etwas Robinson zu spielen, wofür die Helgoländer freundlicherweise nichts anrechnen.

Jung Gatt.

Nicht weit von Möhrmers Gatt ist ein Echo, welches von den
Badegästen stark benutzt wird und öfter viel dummes Zeug nach=
sprechen muß. Ungemein komisch waren die Versuche, die vor
einigen Jahren ein Engländer damit anstellte, der, um es in der
Nähe zu hören, sich an und auf den Felsen stellte und es endlich
für grundschlecht und total untauglich erklärte, weil man auf
diesen Standpunkten nicht das Geringste davon hörte. Hätte er
es für gut befunden, so würde er es den Helgoländern abgekauft,
und in seinem Park angebracht haben. Nur hatte er einiges Be=
denken darüber, ob es durch den Wassertransport nicht leiden
würde.

76

Außer einigen kleinen Höhlen, die stets den Charakter von Möhrmers Gatt haben, findet man an den fortlaufenden Fels= wänden nichts Besonderes, als ihre rothe Farbe und die gelben und weißen Querstreifen. Recht deutlich sieht man mitunter, wie

Möhrmers Gatt.

77

der Zahn der Zeit an diesen Felsen knabbert und manchmal starke Bisse gethan hat. Das zur Winterzeit in den kleinen Spalten und Rissen gefrierende Wasser sprengt die Felsen nach und nach ab, so daß ein Stück nach dem andern ins Meer stürzt und die Insel, wenn auch langsam, von Jahr zu Jahr kleiner wird, was bei den Helgoländern einige Besorgnisse für ihre Nachkommenschaft erregt.

Wenn man diese langen glatten Klippenreihen hinter sich hat, kommt man an eine Stelle, wo ein Felsstück auf so dünnem Fuß im Wasser balancirt, daß man nicht begreift, wie es die nächste Welle nicht umwirft. Daneben steht ein kleinerer Felsblock, der offenbar zur Familie gehört. Beide nennen die Helgoländer „der Pastor und seine Frau". Von hier aus sind die Klippen bis zur Nordspitze sehr zerklüftet und zerrissen. Hinter einen dieser Klippen halten sich im Winter eine Menge wilde Enten auf, die im Frühjahr an einem bestimmten Tage geschossen werden.

Klippen an der Westküste.

78

Der Paſtor und ſeine Frau.

Die Nordſpitze.

79

Die Nordspitze schließt mit einer Grotte, hinter der ein Trümmerhaufen großer Felsstücke liegt, die von einem eingestürzten Felsen, der das Pferd oder der Hengst hieß, herrühren.

Die andere Seite der Klippe hat weiter keine Eigenthümlichkeit, als daß immerwährend Steine herunterfallen, was kein besonderer Vorzug ist. Es befindet sich dort weder eine Höhle noch sonst etwas Bemerkenswerthes, und man fährt gewöhnlich von hier nach der Düne hinüber, um sich am Schluß der Umfahrt etwas von den Brandungen schaukeln zu lassen.

2. Die Düne.

Ueberfahrt nach derselben. — Strand und Sandhügel. — Bäder. —
Der Pavillon.

Die Düne, jener unbedeutende Sandstreifen, ist die eigentliche
Lebensbedingung Helgolands als Bad. Der Untergang der Düne
würde das sofortige Aufhören der Badesaison zur Folge haben
und die Bewohner der Insel in ihren Urzustand, wo sie als Fischer
und Lootsen lebten, zurückführen.

Der Eintritt des Jahres 1855 war für Helgoland durchaus
nicht erfreulich; jagte er doch den Helgoländern einen doppelten
Schreck ein. Die Sturmfluth am Neujahrstage wüthete so ge-
waltig gegen die Düne, daß man ihren Untergang fürchtete.
Dazu kam die Nachricht, daß die Insel als Werbestation der
Fremdenlegion dienen sollte, was den Helgoländern, von denen
der jüngere Stamm kaum Soldaten gesehen hatte, und womit
Helgoland seit 40 Jahren verschont war, noch schlimmer vorkam
als zwei Sturmfluthen. Denn fürchteten sie, daß die Sturmfluth

ihnen die Badeinsel wegtriebe, so bangte ihnen ebenso dafür, daß die Soldaten die Badegäste vertreiben würden. Beide Calamitäten gingen indeß besser vorüber, als man erwartet hatte.

Die Düne ist eine kahle Sandinsel, etwa eine Viertelstunde von der Felseninsel entfernt, mit der sie noch 1720 zusammengehangen haben soll. Ihre Länge beträgt etwa 3500, die Breite 1000 Fuß.

Die Mitte oder der Kern der Insel besteht aus Sandhügeln, die mit Sandhafer bewachsen und rundum von einem flachen Strand umgeben sind, auf dem sich fortwährend die Wellen brechen. Dieses seichte, weiche, steinlose Sandufer mit seinen Brandungen macht die Düne so sehr zum Baden geeignet; denn man braucht hier nicht wie anderswo die Fluth abzuwarten und seine Badezeit täglich zu verändern, sondern kann regelmäßig von Morgens 6 bis Nachmittags gegen 2 Uhr baden.

Da die Düne nach allen Seiten hin große Meeresstrecken um sich hat, so ist stets ein starker Wellenschlag vorhanden, der Wind mag kommen, woher er will. Die Seebäder an den Küsten haben diesen Vortheil nicht, da der Wind von der Landseite wenig oder keine Wellen hervorbringt.

Die Ueberfahrt nach der Düne geschieht in großen, der Badeanstalt gehörigen Booten. Man steigt an demselben Platz ein, wo man vom Dampfschiff landete und auf dem schmalen Steg, der zum Boot führt, bildet sich alle Morgen ein Gänsemarsch, der beim Aussteigen auf der Düne fortgesetzt wird und am Pavillon endigt, wo die Damen links und die Herren rechts sich nach den Bädern wenden.

Nach den Herrenbädern führt der Weg entweder über die Sandhügel oder um dieselben auf Bretern, die hier gelegt sind, damit man nicht im Sande zu waten braucht. Bei den Badekarren befindet sich eine Handtuchniederlage, in welcher sich Diejenigen, die keine eigene Badewäsche führen, gegen das Honorar von 1 Schilling damit versehen können. Wenn die Wagen alle besetzt sind, so macht man es wie die Studenten im Theater zu Leipzig und belegt den nächsten Platz mit seinem Handtuch, was hier eben so heilig respectirt wird wie dort.

Wer zum ersten Male in der See badet, wird einigermaßen in Verwunderung gesetzt, wenn er in kaum fußtiefem Wasser, plötzlich von einer mannshohen Welle überfallen, unter günstigen Umständen zu Boden geworfen und mit den Beinen in der Luft an

Die Herrenbäder auf der Düne.

den Strand gespült wird. Glücklicherweise macht der weiche Sandgrund eine solche Fahrt weniger unangenehm als dies auf steinigem Boden der Fall sein würde. Man kriecht nun mit geschlossenen Augen und zur Belustigung der Anwesenden auf allen Vieren ein Stück landeinwärts, um erst wieder auf die Beine zu kommen und dann von neuem den Wellen entgegenzugehen. Die beste und bei den alten Praktikern beliebteste Stellung einer ankommenden Welle gegenüber ist die, daß man ihr den Rücken zukehrt, sich etwas bückt, die Hände auf die Knie stemmt und so den Schlag der Welle auf den Körpertheil fallen läßt, der für Schläge einmal bestimmt zu sein scheint. Die Woge stürzt dann

Der Pavillon auf der Düne.

wie ein brausender Wasserfall über den Kopf weg und man
kommt auf der andern Seite unversehrt wieder zum Vorschein.

Die Kälte des Wassers, das blos 13—15 Grad hat, ist durch
den starken Stoß, mit dem man von der Welle überfallen wird,
weniger fühlbar, als dies in ruhigem Wasser sein würde, weshalb
auch Leute, die sonst nicht gern kalt baden, hier mit Vergnügen
ins Wasser gehen.

Hat man das Bad verlassen, so geht man auf der Südspitze
spazieren (denn die Nordspitze darf man der Frauenbäder wegen
nicht betreten) oder erklettert die Sandhügel, auf deren Gipfel
man sich mit Bekannten unterhält, liest oder durch das Fernrohr
ferne Gegenden beobachtet, die man sich in die Nähe wünscht.
Nach einer so verbrachten halben Stunde macht gewöhnlich der
Magen sich mit seinen Forderungen so ungestüm geltend, daß
man den Weg zum Pavillon einschlägt, um dort zu frühstücken.

Hier findet man Vormittags stets große Gesellschaft und der
Wirth muß den Sommer über seine gute Ernte machen, wenn
man die Preise in Betracht zieht, auf die er hält. Man kann zwar
im Allgemeinen nicht über übertriebene Forderungen klagen, denn

84

wer Schweizerkäse essen will und sich dabei auf der Düne befindet, der muß bedenken, daß die Schweiz weit ist, und daß ein politischer Wirth das jüngste Erdbeben, von dem sie heimgesucht ward, beim Käse in Betracht ziehen muß, so wie, daß Schinken und Mettwurst nicht zu den Naturerzeugnissen Helgolands gehören. Wenn aber dieser unverdorbene Naturmensch von Dünenwirth für einen Taschenkrebs, den man in Hamburg stets für 1—2 Schilling kauft, 12 Schillinge, und für das Dutzend Austern, welches man bei Wilkens in Hamburg mit 12 Schillingen bezahlt, 14 Schillinge verlangt, so verdient er dafür den Winter über in seinen Pavillon oder auf die Galerie des Leuchtthurms gesperrt zu werden.

Wer sich zum Andenken an die Insel kleine Seepflanzen und dergleichen mitnehmen will, findet dieselben am besten zur Ebbe= zeit am Dünenstrand, wo sich die von der Fluth zurückgelassenen Gegenstände auf dem glatten, feinen Sande zeigen. Pflanzen an kleine Steine festgewachsen, von Bohrmuscheln durchlöcherte Steine und besonders kleine Seesterne, sind die am meisten ge= suchten Gegenstände und lassen sich sehr hübsch in kleine Glas= kästen zusammenstellen, wo sie auf Sand gelegt ein natürliches Strandbild geben. An den Seiten des Kastens kann man einige Büschel Dünengras oder Sandhafer anbringen und auf die Rück= wand eine Ansicht von Helgoland kleben und sich so mit wenig Mühe eine hübsche Erinnerung an die Insel herstellen.

Eine dürftig eingezäunte Stelle der Düne dient als Kirchhof für schiffbrüchige Seeleute, die ihr Leben im Sturm verloren und deren Körper an der Düne auf den Strand treiben. Kein Merk= mal oder Grabhügel bezeichnet diese Stellen, denn der Wind jagt die Hügel auseinander und ebnet den Boden in kurzer Zeit wieder. So nehmen die großen Dünenhügel, welche nicht dicht mit Sand= hafer bewachsen sind, stets andere Gestalten an, und bei stür= mischem Wetter gewährt das Fortlaufen des trockenen Sandes,

Die Düne bei Sturm.

den der Wind in kleinen Wolken vor sich herführt, einen eigen=
thümlichen Anblick.

Stundenlang kann man bei der Brandung am Strand ver=
weilen und die sich überstürzenden endlos daher rollenden Wogen
betrachten, wie sie ihren weißen Schaum auf den Sand schleudern.
Eine kommt immer größer als die Andere, bis der Größten wieder
eine Kleine folgt und das alte Spiel sich erneuert. Eine bestimmte
Zahl von der kleinsten bis zur größten Welle konnte ich nie
herausbekommen. Einige behaupten die siebente bis neunte
oder elfte Welle sei die größte.

Einen sehr interessanten Anblick gewährt es, wenn die See=
leute ein Boot durch die Brandung bringen, um auf die See zu
kommen. Während sich zwei an die Riemen setzen und diese bereit
halten, schieben die andern das Boot gegen die Wellen an und
springen hinein, sobald es flott ist. Auf etwas mehr oder weniger
Naßwerden kommt es dabei nicht an.

Die Sandhügel mit ihrem dürftigen Dünengras und den kleinen
versteckten Thälern sind der Versammlungsort kleiner Gesell=

86

schaften, die entweder von den Gipfeln das Meer betrachten oder sich mit heitern muthwilligen Spielen die Zeit vertreiben, indem sie sich eingraben, die Abhänge hinunterkollern oder eine kleine Erstürmung von Sebastopol aufführen.

Manchmal wird auch ein Bekannter, der sich auf einem steilen Sandhügel in ein Buch vertieft hat, in der größten Stille meuchlings abgegraben, so daß er plötzlich mit seinem ganzen Sitz abwärts rutscht.

Einzelne Menschenscheue verstecken sich gern in die kleinen Schluchten und verzehren da ihr einsames Frühstück. So hielt sich vor einiger Zeit ein Misanthrop in Helgoland auf, der mit einem so sauern Gesicht herumging, daß die Kuh des Gouverneurs stumpfe Zähne bekam, wenn er sie zufällig ansah. Dieser moralische Essigfabrikant brachte alle zwei Tage eine Flasche Rothwein mit nach der Düne, wovon er die Hälfte nebst einem in Papier gewickelten Frühstück vertilgte, worauf er die Flasche mit dem Rest im Sand vergrub, um sie am andern Morgen nach

Brandung.

87

Ausfahrende Fischer.

dem Bad zu holen. Ein Spaßvogel, der dies unbemerkt mit ansah, grub nach seiner Entfernung den Schatz aus, trank den größten Theil des Weines und goß im Pavillon Essig hinzu, worauf er

Die Nordspitze der Düne.

die Flasche wieder an ihren Platz brachte. Als der Misanthrop am andern Morgen die unläugbaren Proben von der Schlechtigkeit seines Weines und seiner Nebenmenschen in den Händen hielt, hätte er die Erde gewiß wie einen alten Topf zertrümmert, wenn dies mit Sicherheit für seine werthe Person möglich gewesen wäre. So zertrümmerte er blos die Flasche und streute die Scherben im Sande umher, mit der freundlichen Absicht, den Stiefeln einiger Badegäste Löcher beizubringen.

Um die Abfahrt des Fährbootes nicht zu versäumen, muß man nach der beim Pavillon aufgezogenen Flagge sehen. Wenn diese niedergeholt wird, geht das letzte Fährboot ab, und man kann, wenn man dies versäumt, lange warten, bis sich Gelegenheit zum Uebersetzen findet.

Helgoland von der Düne aus gesehen.

90

V.

Vergnügungen.

Zu den Scenen, welche den malerischsten Eindruck machen,
gehört jedenfalls die Grottenbeleuchtung; welche gewöhnlich im
August einige Male veranstaltet wird. In den hauptsächlichsten
Grotten zündet man dann große Feuer an, die mit Holz und Theer-
tonnen unterhalten werden, während die Jugend sich im Kreise
lagert oder über die Flammen hinwegspringt. Dadurch bilden
sich an den Wänden und Decken der Höhlen die abenteuerlichsten
Schattenbilder, welche sich die Phantasie nur erdenken kann, und
man glaubt manchmal Scenen von Salvator Rosa's Pinsel
verwirklicht zu sehen.

Die ganze Badegesellschaft ist dabei in den Booten versammelt,
auf denen hier und da kleine Privatfeuerwerke und bengalische

91

Flammen abgebrannt werden, und Musik und Lieder in die Nacht schallen. Besonders schön ist der Anblick bei Mondschein, wo das rothe prasselnde Feuer am ruhigen blassen Mondlicht einen herrlichen Gegensatz findet.

Die Farbe des Felsens kommt bei dieser Gelegenheit gut zu Statten, denn sie erhöht die Wirkung der Beleuchtung bedeutend.

Die Jagd ist in Helgoland frei. Es geht hiermit aber wie ge=

Grottenbeleuchtung.

Mövenjäger.

wöhnlich, wo eine Sache frei ist, trifft man sie selten an und so beschränkt sich die Jagd hier nur auf einiges Geflügel und auf Seehunde, die gewissermaßen die hohe Jagd bilden.

Wenn viele Möven da sind, so kann man allerdings seiner Mordlust in kurzer Zeit genüge thun und einige erlegen. Wenn aber die Möven gerade anderswo nothwendig zu thun haben und blos etwa sechs bis acht Stück ihre Sommerwohnung hier aufschlagen, dann laufen und fahren die Jäger verzweiflungsvoll umher, verstecken sich in Schluchten und Höhlen, legen sich auf den Bauch, graben sich in Sandhaufen und überfallen so jede unglückliche Möve, die ihnen zu nahe kommt. In der Regel kommen dann 20 bis 30 Jäger auf einen Vogel, der, wenn er gerade in die Mitte seiner Verfolger kommt, so zerschossen wird, daß man ihn gar nicht wiederfindet.

Wilde Enten finden sich im Sommer von Zeit zu Zeit ein und rufen eine große Bewegung unter den Schützen hervor, die nicht eher ruhen, als bis diese Fremdlinge ihren Schroten verfallen sind.

Für Büchsenschützen findet sich Gelegenheit ihre Kunst zu üben, wenn die Möven gegen Abend, wo es auf der Düne ruhig ist, am Strand sitzen und die Annäherung eines unvorsichtigen

93

Seehundsjäger.

Fisches erwarten. Der Jäger errichtet sich dann eine kleine Parallele mit einer Schießscharte, etwa 120—130 Schritt von den zweibeinigen Anglern und sucht sich sein Opfer aus, das durch seinen Fall die Nachbarn nicht im mindesten in ihrem Geschäft stört, wenigstens wird dies bald wieder fortgesetzt. Das öftere Abschießen des Gewehres treibt die Fischergesellschaft freilich in die Luft, wo sie mit einem heillosen Geschrei, das genau so klingt, als würden eiserne Ringe über Ketten gezogen, so durch einander fliegen, das man fürchtet, sie müßten sich die Augen mit den Flügeln ausschlagen, sie lassen sich indeß bald wieder nieder und beginnen ihr Geschäft von vorn, so wie der Jäger das seinige.

Die Jagd auf Seehunde erfordert bedeutend mehr Ausdauer und Kenntniß der Gewohnheiten dieser Thiere. Es kommt wohl vor, daß sich hier und da ein Seehund auf der Düne sehen läßt und auf den Strand kommt, wo er von einem glücklichen Jäger erlegt wird; das eigentliche Revier dafür sind aber die Seehunds=klippen, eine in nordöstlicher Richtung von der Insel liegende Gruppe Riffs, welche von der Fluth überströmt, bei Ebbezeit aber frei wird und mit Seetang bedeckt ist.

94

Dort angekommen legt sich der Jäger auf den Bauch und läßt sich mit Seetang bedecken, so daß blos eine Oeffnung für den Lauf seiner Flinte frei bleibt. In dieser angenehmen Stellung, vom Wohlgeruch des Tanges umgeben, muß er, ohne sich zu rühren, liegen bleiben und erwarten, ob es einem Seehund gefällig ist, einige Zeit am Lande zuzubringen und dem Jäger als Zielscheibe zu dienen. Die Seehunde sind indeß schlau und wachsam, deshalb kommt man selten zum Schuß.

Die Fischerei wird von den Helgoländern meistens mit Angelschnüren betrieben, Netze wenden sie wenig an, nur manch=mal eine Art Reusen, in denen sie Dorsche fangen.

Zum Schellfischfang gehört eine solche Masse Leinen, daß dieselben oft eine Länge von zwei Stunden erreichen, woran dann wenigstens 8000 Angelhaken hängen. Die einzelnen Leinen sind etwa $1/4$ Zoll stark und 300 Fuß lang, von 6 zu 6 Fuß sind die Angelschnüre mit den Haken daran befestigt, an welche der Köder angebracht wird. Die Leinen werden sehr accurat in Mulden zusammengelegt, damit sie beim Auswerfen nicht in Unordnung gerathen.

Die Ausfahrt zum Schellfischfang geschieht gewöhnlich in einer Schlupp, in der sich drei, vier oder fünf Mann befinden. Wenn das Fahrzeug auf der Stelle angekommen ist, wo man fischen will, beginnt das Auswerfen der Leinen mit einer Art Gebet, in dem die Fischer Gott um einen glücklichen Fischzug bitten. Zuerst wird ein Anker ausgeworfen, woran die erste Leine und eine Boje befestigt sind, dann werden die Leinen im steten Segeln über Bord geworfen, indem immer eine an die andere geknüpft wird, wozu eine gewisse Geschicklichkeit gehört. Von Zeit zu Zeit kommt wieder ein Anker. Die letzte Leine wird an dem Anker befestigt, der die Schlupp hält, und mit diesem ausgeworfen, wobei gleichzeitig die Segel gestrichen und das Fahrzeug ruhig liegen gelassen wird.

Hummerkorb.

Nach einiger Zeit wird der Anker mit den Leinen unter ver=
schiedenen Ausrufen, die nur Gott und ein Helgoländer versteht,
wieder in die Höhe gezogen. Ich wenigstens habe von diesem
Rothwälsch selten den Sinn herausbekommen, und wenn ich dies
wirklich einmal glaubte, so hatte ich gewiß das Gegentheil von
Dem verstanden, was damit gemeint war.

Die Leinen müssen immer so gestellt werden, daß der Strom
quer hindurchgeht, weil sonst die Haken in einander gerathen und
sich eine Menge Schmuz hineinhängen würde.

Mitunter wird wohl auch ein Haifisch in die Höhe gezogen,
der einen an der Angel hängenden Schellfisch verspeisen wollte,
so wie natürlich Alles mitgenommen wird, was angebissen hat.

Das in Ordnung bringen der Fischgeräthe überlassen die
Helgoländer den Weibern, die überhaupt die Arbeiten am Lande
meistens verrichten müssen.

Der Schellfischfang beginnt gewöhnlich im März und wird bis
Juni fortgesetzt, im Herbst fängt man dann wieder an und fischt
so lange, bis der Frost es verbietet.

Der Makrelenfang findet nur im Sommer statt. Es wird
im flotten Segeln mit einer oder zwei Schnuren gefischt; an den

Haken kann man irgend etwas beliebiges Glänzendes oder ein buntes Stück Zeug hängen; denn da die Makrele ein sehr gieriger Raubfisch ist, so fährt sie nach Allem. Am besten beißen sie auf die Leber oder das Herz einer Makrele. Diese Fische sterben, sobald sie aus dem Wasser kommen, und können deshalb blos geräuchert versandt werden.

Die Hummerfischerei wird mit vogelbauerähnlichen Körben betrieben, die inwendig mit Netzen überzogen sind und am Eingang ein überhängendes Netz haben, das dem Hummer den Eintritt sehr leicht, den Ausgang aber fast unmöglich macht. Der Boden der Körbe ist mit Steinen beschwert, und außerdem hält sie noch ein kleiner Anker fest, damit sie von den Wellen nicht fortgerissen werden.

Als Köder legt man getrockneten Fisch, Köpfe von Kabeljauen und Schellfischen hinein.

Eine andere Art des Hummerfanges ist die mit dem Plumper, welches ein kleines Beutelnetz mit schwerem eisernen Ring ist, das man aus einem kleinen Boot auf den Grund läßt. Inmitten des Ringes ist eine Lockspeise angebracht. Sobald man vermuthet oder an der Schnur fühlt, daß etwas am Köder ist, thut man einen scharfen Ruck nach oben, damit der Fang in das Netz fällt, und zieht es schnell herauf. Man muß sich aber bei dieser Fischerei sehr ruhig verhalten, weil der Hummer ein mißtrauischer und vorsichtiger Bursche ist. Das Nächste, was er nach seiner Gefangennahme thut, ist, daß er mit seinen Scheeren ganz rücksichtslos um sich kneipt, weshalb man ihm sofort diese gefährlichen Gliedmaßen festbindet.

Die Hummer logiren in den Klippen um Helgoland, wo sie in Spalten und Löchern sitzen und auf Beute lauern. Der Fang dauert von Mitte September bis Mitte Juli, in den anderen Monaten bekommen sie frische Schalen und dürfen nicht gefangen werden.

Die Helgoländer Austern werden etwa vier Seemeilen öst=
lich von der Düne gefunden, wo die Bank bei 80 Fuß tief unter
Waffer liegt und bei einer Seemeile Länge über 1000 Fuß
breit ist.

Auf dieser Bank sollen die Helgoländer schon früher gefischt
haben, sie war aber mit der Zeit in Vergessenheit gerathen
und wurde erst 1848 oder 49 wieder aufgefunden. Obgleich die

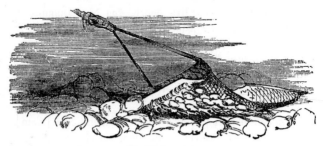

Ein Austernnetz.

Austern an Wohlgeschmack den englischen bedeutend nachstehen
und nicht einmal den holsteinischen gleichkommen, werden sie
doch theuer genug bezahlt, so daß man in Helgoland mehr dafür
geben muß als in Hamburg für englische.

Gefischt werden die Austern mit einer Art Beutel von Eisen=
ringen, der oben eine scharfe messerartige Einfassung hat, womit
er über die Bank geschleppt wird, die dadurch losgerissenen
Muscheln fallen in den Beutel und werden so heraufgezogen.

Wenn der Herbst schön ist und die Badegäste noch zahl=
reich vorhanden sind, wird die Austernfischerei um Mitte
September mit einer Art Festlichkeit eröffnet, indem bei ruhiger
See die ganze Gesellschaft nach der Bank fährt und das Geschäft
beginnt.

Die Hummer werden in eigens dazu eingerichteten Kasten, die bei der Insel vor Anker liegen, aufgehoben, und verkauft, wenn die Preise gut stehen. Die Austern schafft man jedoch sogleich fort. In Hamburg werden die meisten abgesetzt. Ein dortiger bedeutender Austernverwüster hat eine Art Bildungsanstalt für diese Schalthiere errichtet, indem er sie bei ihrer Ankunft sofort numerirt und in seinem Keller eine Zeit lang in süßes Wasser setzt, um ihnen wahrscheinlich die rohen Seemanieren abzugewöhnen.

VI.

Naturbilder.

Die Pflanzenwelt. — Die Thiere. — Der Meeresgrund. — Sonnenuntergang. — Meerleuchten. — Windstille. — Sturm.

———

Die Flora von Helgoland hat das Eigenthümliche, daß man
sie im Wasser suchen muß, denn die Pflanzen des Landes sind,
außer einem Maulbeerbaum und dem auf der Düne vorkommen-
den Sandhafer und einer Art Meersenf, unbedeutend. Der
Sandhafer ist für die Düne von großer Wichtigkeit, weil er mit
seinen Wurzeln die Hügel derartig durchwächst, daß sie der
Sturm nicht leicht abwehen kann.

Unser Bild zeigt eine Stelle auf dem Seegrund, die mit verschiedenen Tang- oder Algenarten bewachsen ist, von denen wir
leider die Farben nicht wiedergeben konnten. Es giebt gewiß
nichts Reizenderes und Märchenhafteres als den Anblick einer
solchen Stelle bei ganz ruhiger See und Sonnenschein, dessen
Strahlen im seichten Wasser die rothen, gelben und braunen
Blätter der Pflanzen beleuchten und ihre Schatten auf den
Grund werfen. Um die Wipfel dieser kleinen Bäume schwimmen
Fische, und in dem Wurzelwerk bewegen sich allerhand Seethiere.

Einige Pflanzen treiben ihre kleinen Aeste nach oben, während
andere in den Felsen wurzelnd abwärts hängen oder ihre zarten
Blätter nach allen Seiten schwimmend ausbreiten. Besonders
zart ist eine grasähnliche Pflanze, die ihre brillant-grünen wimpel-
artigen Blätter im Wasser spielen läßt, wo sich dieselben bei der
geringsten Bewegung auf- und absenken und um die andern

Pflanzen wickeln, die dann wie mit zartem Seidenband um=
schlungen aussehen.

Eine andere Pflanze, die wir im Hintergrund des Bildes sehen,
steht wie ein Baum aufrecht und breitet ihre eichbaumartigen
Blätter von brillant=rother Farbe aus. Eine Pflanze mit kleinen
spitzen Blättern, deren Farbe ebenfalls roth ist, steht dabei. Die
Farbe des weidenartigen Busches weiter vorn ist schwarzbraun,
gleich davor ist ein kleines Felsstück mit langem haarähnlichen
Gras bewachsen, über das sich einige kleine Muscheln erheben,
die sich überall an Thiere und Pflanzen ansetzen.

Die runden Blätter im Vordergrund rechts gehören einer
hellbraunen Tangart an, deren lederartige Blätter wie von einem
feinen Drahtgitter überzogen sind. Dahinter ist ein korallen=
artiges Gewächs, das sich in einzelnen gegliederten Zweigen von
weißer Farbe an den rothen Stein festsetzt.

Die links herunterhängende lange Pflanze, welche oben im
Felsen wurzelt, hat ein schleimiges, leimartiges Blatt von braun=
gelber Farbe. Es ist dies der gewöhnliche Seetang, der nach
Stürmen schlangenartig am Strand liegt und die Luft mit seinem
Gestank erfüllt. Daneben wächst ein kleinerer Tang von arabes=
kenähnlicher Form, dessen Blätter an der Wurzel gelbbraun
sind und nach den Spitzen in Grün übergehen. Das schwarze
haarähnliche Gewächs, welches oben am Felsen wurzelt und sich
hinter dem Blätterbusch wegzieht, enthält einen leimartigen Saft
und wird zum Bereiten von Leim benutzt.

Die Thierwelt muß man in Helgoland gleichfalls im Wasser
und in der Luft suchen, denn auf dem Lande ist es außer den
Schafen schlecht damit bestellt. Es hat zwar ein Helgoländer
einmal den Versuch gemacht, einige Schweine mit Fischen zu
mästen, dieselben sind aber so lang und dünn geblieben, daß sie eher
Eidechsen als Schweinen ähnlich sahen. Die Helgoländer nehmen
deshalb auch mit den Schweinen vorlieb, die ihnen ihre Natur bietet,

das heißt mit den Schellfischen, die sie frisch, geräuchert, getrocknet und gesalzen essen, und die nebst Kartoffeln ihr Hauptnahrungsmittel ausmachen. Die Farbe des Fisches ist beinahe ganz weiß.

Pflanzenwuchs auf dem Meeresgrund.

Schellfisch.

Nächst dem Schellfisch wird am meisten der Dorsch gefangen, welcher in dasselbe Geschlecht gehört. Er hat einen dunkeln Rücken, auf dem noch dunklere Flecke stehen, der Bauch ist weiß. Der Fisch zeichnet sich durch besonders große fächerartige Kiefern aus.

Der Kabeljau, zu dessen Familie die beiden vorigen Arten gehören, wird auch bei der Insel gefangen, doch lange nicht so häufig als die erstern. Wenn der Kabeljau an der Luft getrocknet ist, kommt er unter dem Namen Stockfisch in den Handel. In Norwegen salzt und trocknet man ihn, in welcher Gestalt er Klippfisch heißt. Wenn er wie der Häring eingesalzen ist, nennt man ihn Laberdan.

Der Häring wird wohl hier und da gefangen, jedoch blos ausnahmsweise. Früher sollen sie in so großer Masse da gewesen sein, daß nach einer Volkssage drei verwegene Häringe par tout die Treppe hinauf wollten, von einer alten Frau jedoch fort=

Dorsch.

103

geprügelt wurden, was ihre Herren Collegen so übel vermerkten, daß sie künftighin der Insel keinen Besuch mehr abstatteten.

Die Makrele ist gewissermaßen die Forelle von Helgoland, da sie an Wohlgeschmack alle andern Fische übertrifft. Sie ist ein sehr gieriger Raubfisch mit prächtigen Farben, besonders einem brillant=grünen Rücken mit dunkeln Streifen. Nach dem Tode, welcher sogleich, nachdem sie aus dem Wasser kommt, eintritt, verlieren sich die Farben. An Gestalt gleicht sie dem Häring.

An breiten schollenartigen Fischen hat man verschiedene Arten, als Schollen mit dunkeln Flecken, Bütt, Steinbütt und Zungen, welche letztere große Aehnlichkeit mit einer Stiefelsohle haben. Wenn man sie kocht, muß man die harte, scharfe Haut abziehen.

Ein sonderbarer Fisch ist der Hornfisch, welcher bei aalartiger Gestalt einen förmlichen Vogelschnabel hat, der mit scharfen Zähnen besetzt ist. Die Gräten des Hornfisches sind ganz grasgrün, der Kopf soll giftartig sein und wird weggeworfen.

Die Sandspiere, welche als Lockspeise beim Fischen ge= braucht wird, und der Nadel= oder Windfisch, der, an einem Faden aufgehangen, die Windrichtung anzeigen soll, haben eine ähnliche Gestalt, doch sind sie blos von der Größe einer Sardelle und haben keinen Schnabel.

Von höchst unangenehmem Aeußern ist der Seeteufel, dem blos eine Länge von 100 Fuß fehlt, um zu den scheußlichsten Ungeheuern zu gehören, während er in seiner jetzigen kleinen Gestalt lächerlich ist.

Ein ähnlicher Fisch heißt Seescorpion. Er ist bunt und hat noch mehr Stacheln als der Seeteufel. Man sagt, seine Stacheln sollen giftig sein.

Der Seehase, ein plumper Fisch mit röthlichem Bauch, hat die Eigenheit, sich mit dem Bauch anzusaugen und festzuhalten, so daß er schwer loszureißen ist.

Makrele.

Hornfisch.

Seeteufel.

Kleine Haifische von drei Fuß Länge sind bei Helgoland sehr häufig. Sie werden Dornhaie genannt und gebären lebendige Junge. Von der Gefräßigkeit ihrer Kameraden im Ocean scheinen sie nicht zu sein, wenigstens haben sie noch nie einen Badegast angebissen.

Vor einigen Jahren wurde indeß ein recht hoffnungsvoller Bursche von 9 Fuß Länge gefangen, der bei längerem Aufenthalt doch vielleicht Geschmack an Badegästen gefunden hätte.

Aale, wie man sie im Adriatischen Meer bei Venedig hat, habe ich in Helgoland nie bemerkt, es soll jedoch von Zeit zu Zeit einer gefangen werden.

Seehunde.

Seeschweine oder Tümmler (Delphine) werden öfter ge=
fangen und gewöhnlich am Strande für 1 Schilling gezeigt.

Von Krebsen finden sich hier die Krabben, welche kleinen
Taschenkrebsen gleichen und bei Curhaven Dwarsläufer ge=
nannt werden.

Dann Taschenkrebse und Hummer, die ganz den Land=
krebsen gleichen, aber eine Größe von ein bis anderthalb Fuß
erreichen. Von Farbe sind sie schwarzbraun mit weißen Flecken.

Ein kleiner ganz wie der Hummer gestalteter Krebs, von etwa
2 Zoll Länge, bewohnt die leeren Gehäuse der Schneckenmuschel
und wird deshalb Einsiedler genannt.

Ein sonderbares Thier ist die sogenannte Seerose, ein
Gallertthier, das mitunter einem geschliffenen Glasteller mit
Obst oder Confituren täuschend gleicht. Beim Segeln sieht man
sie in den Wellen treiben und zwar von der Größe eines Apfels
bis zu der eines Tellers.

Ein anderes kurioses Thier ist der Seeigel oder Seeapfel,
welcher ganz rund und mit Stacheln besetzt ist, mit denen er sich
ansaugen soll. Sein Kopf sieht beinahe aus wie die Frucht von
Pfaffenhütchen.

106

Der Seebewohner, dem man die meiste Aufmerksamkeit schenkt, ist der Seehund, der auf der Düne und den Klippen oft zum Vorschein kommt und nicht selten lebendig gefangen wird, was indeß kein leichtes Geschäft ist, da er fürchterlich beißen kann und seine Bisse sehr schwer heilen. Besonders schön sind die klugen Augen des Thieres, die, wenn er gesund ist, im tiefsten Schwarz glänzen. Sobald er krank wird, werden die Augen bleich und grau. Seine Stimme klingt fast wie das Grunzen eines Schweines. Natürlich werden auch gefangene Seehunde sofort am Strand für einen Schilling gezeigt. Ihre Tage beschließen sie gewöhnlich bei Oelrich oder Aenkens, die ihnen das Fell auf die zarteste Weise über die Ohren ziehen und es mit Heu oder Werg ausstopfen.

An verschiedenen Vogelgattungen ist in Helgoland ein großer Reichthum vorhanden, weil die Insel hauptsächlich als Ruheplatz der Vögel auf ihren Wanderungen dient. Außer den stets hier weilenden Mövenarten, sind es Zugvögel, wie Schnepfen, Finken, Lerchen und Drosseln, die in großer Menge ankommen und gefangen werden.

Von den Möven giebt es acht bis zehn verschiedene Arten. Die weiße oder Silbermöve, die an der Schleswigschen Küste nistet, und die Sturmmöve sind die gewöhnlichsten. Der Strand= läufer ist ein komischer Vogel. Gewöhnlich läuft er auf der Düne

Seemöven.

mit schnellen Schritten am Wasser hin, um irgend einen an=
geschwemmten Fisch zu erhaschen. Oefter laufen 5 bis 6 hinter=
einander, wobei sich die Beine mit der Schnelligkeit von Eisen=
bahnwagenrädern bewegen, besonders wenn ein Fang in Aus=
sicht steht.

Ein sehr hübscher Vogel ist der Goldregenpfeifer, der wie
der Mornelregenpfeifer eßbar ist. Taucher und Wildenten
finden sich gleichfalls, und Raubvögel, worunter der Seeadler,
lassen sich öfters sehen.

Nächstdem kommen noch eine Menge Singvögel vor, die im
Binnenlande einheimisch sind, so wie von seltnern Zugvögeln
hier und da einer erscheint, der indeß bald mit Gätcke's Flinte
Bekanntschaft macht, um dann ausgestopft in seiner Sammlung
zu paradiren.

Einen ergreifenden Eindruck muß es auf den Binnenländer
machen, wenn er den Sonnenball vom wolkenlosen Himmel in
das Meer hinabsinken sieht. Auf dem Lande ist es stets ein Gegen=
stand, ein Berg, ein Haus oder ein Baum, hinter dem das Tages=
gestirn verschwindet, wo es gleichsam an einem bekannten Ort
zur Ruhe geht. Hier aber ist nichts als das langgestreckte Meer
und auf ihm kein Merkmal, wo das Licht des Tages erlischt:
Wenn der letzte Blick des Gestirnes hinter der Fluth versank,
überkommt uns eine Ahnung des Unendlichen, Raumlosen, in
dem wir als Atome auf einem Staubkorn leben, auf dessen feuch=
tem Ueberzug, den wir Meer nennen, uns schon der Riesenbau
eines Linienschiffes in kurzer Entfernung als winziger Punkt
erscheint. Wie klein kommt uns da erst der Mensch vor, und wie
lächerlich erscheinen jene blasirten Badegäste, die jene lange Bank
auf der Nordspitze regelmäßig einnehmen und den Sonnenunter=
gang kritisiren, den sie als ein bezahltes Schauspiel betrachten,
das zu ihrem Vergnügen Abends aufgeführt wird, um ihnen eine
halbe Stunde die Zeit zu vertreiben.

Sonnenuntergang an der Nordspitze.

Wenn das Meer ruhig ist, hat man den prächtigen Anblick einer breiten Feuersäule, in der sich die Sonne im Meer wieder= spiegelt. Je mehr sich die Sonnenscheibe nach dem Horizont senkt, um so kleiner wird die Glanzsäule, die sich, wenn die Scheibe mit dem Rand den Horizont berührt, ganz verliert, so daß man den sonderbaren Anblick einer Wasserfläche hat, auf der sich die Sonne nicht wiederspiegelt. Diese Erscheinung kommt jedenfalls von der Rundung her, welche die Erde und mit ihr die Meeres= fläche macht. Auf dem hohen Standpunkt, den man auf der Klippe hat, sieht man dann die Sonne noch, wenn sie schon hinter der Krümmung steht und ihre Strahlen nicht mehr auf das Wasser fallen können. Wer am Fuß der Klippe steht, sieht die

Sonne schon hinter der Fluth versinken, wenn die Obenstehenden dieselbe noch über dem Wasser sehen.

Auf der Insel Helgoland kann man auf diese Art die Sonne zweimal an einem Abend untergehen sehen; denn wenn man am Wasser stehend sie eben hinter der See verschwinden sieht und schnell die Treppe hinaufsteigt, welche auf den Gipfel der Klippe führt, so bekommt man oben die volle Sonnenscheibe noch einmal zu Gesicht und sieht sie zum zweiten Male untergehen.

Die Maler machen deshalb einen Fehler, wenn sie, den Sonnenuntergang von einer Höhe malend, sich die Sonne am Horizont über das ganze Wasser spiegeln lassen. Eben so fehlerhaft ist der Reflex, den man bei entfernten Segelschiffen die weißen Segel auf das Wasser werfen läßt, weil eine solche Spiegelung nur bei ganz glattem Wasser oder in nächster Nähe stattfinden kann. Dieser Zustand kommt aber selten vor, und selbst die kleinsten Wellen verhindern das Sehen der Spiegelung im Wasser, weil die Seite der Welle, auf welcher sich der Gegenstand spiegelt, von uns abgewandt ist.

Einen großartigen Anblick gewährt der Sonnenuntergang bei Gewitterluft. Wenn dann der Horizont im geheimnißvollen Schatten der Wolken verschwindet und die Sonnenscheibe goldgelb oder blutroth wie ein schwerer Goldball in die Wolkenmasse sinkt, wälzen sich die langen Wogen auf den Strand und tragen auf ihrem Rücken breite Glanzlichter der Sonne, die sie eins nach dem andern in die Brandung schütten, welche sie unersättlich verschlingt.

Ein schöner Anblick ist es, wenn nach einem trüben Tage die Sonne unter der Wolkenschicht hervortritt, die vielleicht im Westen ihr Ende erreicht. Gewöhnlich kommt dann jene rothe Beleuchtung vor, die bengalischem Feuer gleicht, und die besonders auf den weißen Dünenhügel eine wundervolle Wirkung hervorbringt.

Eben so schön ist der Aufgang des Mondes, von der Falm aus betrachtet. Wenn sich dessen Scheibe ein Stück über die See erhoben, so kommen zwei, drei einzelne Glanzpunkte im Wasser zum Vorschein, dann zwanzig, dreißig, und dann plötzlich eine lange Glanzsäule, die sich bis zum Vordergrund ausdehnt. Je höher der Mond emporsteigt, desto mehr zieht sich der glänzende Streifen wieder zusammen, bis er im Vordergrund nur noch einen Kranz von spielenden Glanzkugeln bildet, während sich auf der fernen See, wo die Bewegung stärker ist, ein langer breiter Silberstreifen zeigt, auf dem hier und da einige nächtliche Segler hingleiten.

Kein Naturschauspiel macht jedoch eine so zauberhafte Wir= kung, als das Meerleuchten, das man hier in warmen August= und Septembernächten sehen kann. Die Erscheinung des phos= phorartigen Lichtes, welches ohne alle äußere Veranlassung als die der Bewegung des Wassers in demselben vorkommt, macht den größten Eindruck auf das Gemüth und erfüllt es mit Staunen und Bewunderung.

Das Licht, welches das Meer bei dunkler mondloser Nacht ausströmt, gleicht ungefähr dem Reflex des Mondes auf dem Wasser. Die Köpfe der überschlagenden Wellen scheinen zu glühen. Hindurchfahrende Boote und schwimmende Fische lassen lange Feuerstreifen wie ersterbende Raketen hinter sich, und hinein= geworfene Steine bilden auf ihrem Wege nach dem Grunde einen Kometenschweif. Mit einem Stock kann man bei ruhigem Wasser kurze Namen leserlich im Wasser schreiben, welche die schönsten Namenszüge in Brillanten bilden, schöner als die, welche der Kaiser von Rußland auf goldenen Dosen zu verschenken pflegt, nur leider nicht so dauerhaft. Eben so lassen die Riemen, womit der Bootsführer rudert, lange ringelnde Feuerschnecken hinter sich, und die eingetauchte Hand zeigt hier und da Funken. Alles dies kommt aber dem Anblick nicht gleich, der sich auf dem

Strand der Düne in der Brandung bietet, deren überstürzende Wellen einen Feuerkranz um die Sandinsel bilden. Man kann die ganze Nacht bis zum Morgen dort stehen und zu=sehen, wie das Meer Millionen von

Fig. 1. Noktiluken in natürlicher Größe.

Diamanten auf den Strand schüttet, die, kaum verglommen, wieder durch neue ersetzt werden. Eben so schön sieht es aus, wenn ein Boot durch das Wasser segelt und scheinbar von einem Schwarm Johanniskäfer am Vordertheil umspielt wird, so hell glänzen die spritzenden Wellen.

Die Ursache dieser Erscheinung sollen, nach den Forschungen verschiedener Gelehrten, und besonders des Herrn Dr. Ver=haeghe, Badearzt von Ostende, eine Menge kleiner Thiere sein. Früher glaubte man, das Meer gebe die am Tage eingeschluckten Sonnenstrahlen Nachts wieder von sich. Andere hielten die Er=scheinung für elektrisch oder phosphorartig und brachten sie mit der Erddrehung in Verbindung.

Die hier folgenden Abbildungen stellen diese Thiere in natür=licher Größe, so wie durch das Mikroskop gesehen dar. Dr. Ver=haeghe nennt sie Noctiluca miliaris und behauptet, daß von ihnen das Meerleuchten in der Nordsee herrühre. Sie erscheinen erst im April und verschwinden mit der Kälte wieder.

Fig. 1. Sind Noktiluken, wie sie dem bloßen Auge sichtbar und auf dem Meer schwimmen.

Fig. 2. Dieselben Thiere, durch eine Lupe vergrößert und in einer zusammen=

Fig. 2. Noktiluken mäßig vergrößert.

hängenden Gruppe an der convexen Oberfläche eines Wasser=
tropfens vereinigt.

Fig. 3. Eine Noktiluka bedeutend vergrößert. a) Stielchen,
welche von dem Grunde einer Art Trichter ausgehen, dessen Wan=
dung 1 1 dem Auge des Beobachters am nächsten ist. Diese
Wandung ist eben so durchsichtig als die übrige Körperoberfläche
und geht in diese über; 2 2 innere, dem Auge entfernte Wandung
des Trichters; 3 noch entferntere Theile; 4 noch entferntere und
5 der entfernteste Theil der Trichterwandung; b Centralkern, der
bisweilen durchsichtiger ist als der übrige Körper, bisweilen blaß=
gelb gefärbt; c c c Fäden oder Hauptgefäße, welche vom Central=
kern ausgehen und sich nach der Oberfläche des Körpers verzweigen;
c' c' c' dem Auge entfernter liegende Fäden; d d Anhäufung von

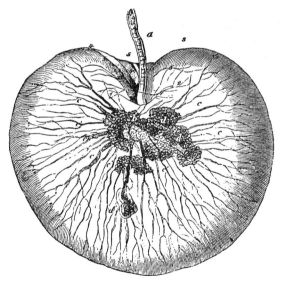

Fig. 3. Noktiluka, bedeutend vergrößert.

113

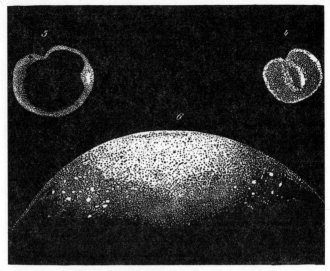

Fig. 4. Eine leuchtende Noktiluka. Fig. 5. Eine theilweis leuchtende Noktiluka. Fig. 6. Ein leuchtender Punkt des Thieres (240fache diametrale Vergrößerung).

Zellen oder Magen; d' eine dergleichen, welche deutlicher ist. Von diesen Zellen hat das Thier oft eine große Menge, oft keine.

Fig. 4 ist eine leuchtende,

Fig. 5 eine blos theilweis leuchtende Noktiluka.

Fig. 6 ein 240fach diametral vergrößerter, leuchtender Punkt des Thieres, in dem sich das ausströmende Licht in eine sehr große Menge leuchtender Pünktchen auflöst.

———

Auch am Tage ist das Meer, trotz seiner scheinbaren Einförmig= keit, ein reiches Feld für Naturgenüsse. Seine ausgebreitete Fläche

114

spielt, von oben gesehen, bei der geringsten Luftbewegung aus einer Farbe in die andere. Bald geht es vom Smaragdgrün ins Blaugrüne und entschiedenste Blau über, bald fällt es, den Grund halb durchscheinen lassend, ins Violette, Röthliche, Braune, Gelbe und wieder in seine Localfarbe, das Grüne, zurück. Bei klarem, ruhigem Himmel und Windstille sieht es grünlich-blau aus. Unter der Sonne spielen dann Tausende von kleinen Glanz= punkten, wie in einem silberdurchwirkten Teppich durcheinander. Nächst dem Dünenstrand, von wo aus man das Meer stets am schönsten beobachten kann, wird es grünlicher und läßt nahe am Ufer den Sand goldgelb durchschimmern. Von Zeit zu Zeit rollt sich dann eine ganz kleine lange Welle spielend auf das Land und läßt ihren Silberschaum dann verschwinden.

Ich kann nicht unterlassen hier eine Stelle aus dem Notizbuch einer jungen Dame anzuführen, welche die verschiedenen Ein= drücke der Helgoländer Natur in kurzen treffenden Sätzen aufzu= zeichnen pflegte. Der folgende führte die Ueberschrift:

„Windstille auf der Düne."

„Da ist es fort das letzte Boot mit den letzten Badegästen, und ich bin wieder allein auf der Düne. Kein seidenes Kleid und kein Frack verstimmt nun die Aeolsharfe der Natur, deren gewaltige Noten, Licht, Farben und Form im Accord ertönen, aus dem Schönheit, unendliche Schönheit erklingt.

Wie im hohen Gebirg, wo die Wolken auf grünen Matten lagern, sich der Himmel der Erde vermählt, so auch hier auf der Düne, wenn das Meer sich zurückzieht und der Sand zart wie der Busen einer Jungfrau, auf den eine Thräne fiel, den Himmel wiederspiegelt. Nur die leise Brandung zieht dann die silberne Grenze, an der man erkennt, wo Himmel und Erde sich trennt!"

Anders zeigt sich das Meer, wenn der Sturm darüber hinfährt und die Wellen vor sich herjagt, die dann wie geängstigtes Wild am Strand emporlaufen. Brüllend und zu blendend weißem Schaum zerschlagen, stürzen sie dann eine über die andere der Düne zu, und jedes Schiff, das in der Nähe derselben auf den Grund geräth, ist verloren, denn mit Riesenkraft umhergeschleudert, wird es in kurzer Zeit in Stücke zerrissen, und die stärksten Ketten, Taue und Eichenbalken, die menschliche Kunst zu einem Ganzen verband, werden wie Strohhalme zerbrochen.

Man kann sich unmöglich einen Begriff von der furchtbaren Gewalt der Wellen machen, wenn man sie nicht im Sturm wüthen sah. Dauert er lange und treibt die Wellen höher und höher, so überstürzen sie sich endlich wie in Verzweiflung, der Sturm reißt dann den Schaum mit der dünnen Wassermasse ab und treibt ihn in der Luft vor sich her, woraus sich, da mehr und mehr dazu kommt, eine fliegende Wassermasse von entsetzlicher Gewalt bildet, die der Seemann Sturzsee nennt, und die kleinere Fahrzeuge in den Grund schmettert, und von größern abreißt, was sie fassen kann. Dann werden Anker, Boote, Küche, Halbverdeck und Schanzkleidung fortgerissen, was der Schiffer mit dem Ausdruck „das Deck rein waschen" bezeichnet, und wobei die halbe Mannschaft oft ihren Tod findet.

Das Meer hat bei Sturm eine dunkelgrüne, oft beinahe schwarze Farbe, auf welcher die weißen Wellenköpfe sich scharf abzeichnen. Bei trübem Wetter machen dann die grell=grünen Wellen und die überall auftauchenden weißen Schaumkämme keinen günstigen Eindruck, weil das Ganze ein wirres, ruheloses Durcheinander ist. Nur an den regelmäßigern Brandungen auf der Düne findet man einen malerischen Anblick. Die besten Darstellungen dieser Nordseewellen hat der Professor Dahl in Dresden, ein geborner Norweger, geliefert, indem er in vielen Sturmbildern die Wogen bis in die kleinsten Einzelheiten treu wiedergab.

Ein besonderes Vergnügen gewährt das Segeln in stürmischer See. Wenn man dann mit dem Fahrzeug bergauf, bergab fliegt, bald mit dem Boot halb in der Luft ist, und im nächsten Augenblick wieder durch den obern Theil einer Welle schießt, deren Gipfel das Fahrzeug nicht mehr tragen kann und deshalb in Schaumflocken darüber hingeht, so ist dies ein wilder Spazierritt, gleich dem auf Doctor Faust's Zaubermantel. Wenn einige Boote nahe beisammensegeln, hat man die beste Gelegenheit, das Auf- und Niederspringen derselben zu beobachten, denn bald verschwindet das nächste Boot fast bis zur Mastspitze hinter einer Woge, bald steigt es hoch auf dem Gipfel einer solchen empor.

VII.

Die Bewohner und ihre Beschäftigung.

———

Die Abstammung der Bewohner von Helgoland ist Friesisch, wie die aller Bevölkerung der in der Nähe liegenden Inseln. Ein eigentlicher durchgehender Menschenschlag, der in Gesichtsbildung, Wuchs, Haar und Augen übereinstimmt, ist nicht vorhanden, und die jetzigen Helgoländer scheinen wie die heutigen Deutschen keine reine Abstammung mehr zu haben. Der reine friesische Stamm hat wie der alte deutsche noch blondes Haar, graue und blaue Augen und scharfe Gesichtszüge. Nun suche aber Einer unter uns Deutschen nach blonden Haaren, blauen Augen und geraden Nasen, er wird viel mehr braune, schwarze und Gott weiß noch was für Haare finden; mit den Augen wird es nicht besser gehen, und mit den Nasenformen kann er sich Jahre lang beschäftigen, bis er alle aufgezählt und in Ordnung gebracht hat. Ebenso ist es mit den Helgoländern, denen jedoch ihre Heimat und das Meer noch einen bestimmtern Charakter erhalten hat.

Die Männer sind meist gesunde kräftige Leute, wie dies bei Menschen, die stets in frischer Seeluft leben, nicht anders sein kann. Die Weiber werden schnell alt, weil ihnen alle schwere Arbeit zu thun bleibt, um die sich der Mann am Land wenig kümmert, denn der steht lieber am Strand, steckt die Hände in die Hosentaschen und guckt auf die See, welches wichtige Geschäft höchstens von einem Gang ins Wirthshaus unterbrochen wird. In der letztern Zeit scheint sich das Arbeitsverhältniß indeß etwas geändert zu haben, weil sich die Männer doch wohl vor den Badegästen schämen, wenn diese verwundert zusahen, wie die Frauen schwere Körbe, Holz und Torf mühsam nach dem Oberland schleppten. Ich habe wenigstens bemerkt, daß bedeutend mehr Männer mit zugriffen als früher, besonders beim Holztragen, welches zum Barackenbau verwendet wurde und wo für jeden Pfosten zwei Schillinge Trägerlohn abfiel.

Die drei Hauptbeschäftigungen der Helgoländer sind Fischerei, Lootsenwesen und Handel mit Austern und Hummern. Nebenbei sind sie beinahe alle Gastwirthe und gute Rechenmeister. Was sie von den Badegästen und Schiffbrüchigen, den zwei Hauptbesuchern der Insel, ohne Anwendung von Pistolen, kriegen können, das nehmen sie mit Dank an, weshalb sie auch stets und gern bereit sind, die Ladungen gestrandeter Schiffe zu „bergen", wie sie es nennen. Bei solchen Bergungen werden nun freilich manchmal die geborgenen Sachen verlegt und später nicht wiedergefunden. So war in den dreißiger Jahren eine Ladung Twist, die doch an die Insel gekommen, verschwunden. Da der englische Consul in Hamburg der Sache jedoch scharf auf den Grund ging, wurde durch Anschlag bekannt gemacht, daß sich der Twist finden müsse, zu welchem Zweck die Thür eines bezeichneten Hauses die ganze Nacht offen stehen sollte — und wunderbar, am andern Morgen hatten sich 1700 Pack Twist und eine Menge anderer Waaren ganz von selbst eingefunden. So hatte sich 1852 eine ganze Ladung von Häuten auf der Insel verlaufen; da die Sache doch zu arg war, schickte die englische Regierung ein Kriegsschiff, um der Untersuchung etwas behülflich zu sein, und wenn man nicht Gnade für Recht hätte ergehen lassen, so würden wahrscheinlich sämmtliche Helgoländer jetzt in Botany=Bai auf Austern und Hummern fischen.

Ebenso gewaltsam wurde Gustav Adolf, das heißt der metallene, der am 30. November 1851 mit dem Schwedischen Schiff Hoppet strandete, festgehalten und in einen alten Schuppen in der Bindfadenallee gesperrt. Die Figur war in München ge=

119

gossen und nach Schweden bestimmt. Jetzt haben sie die Helgo=
länder für 6000 Mark nach Bremen verkauft. In Helgoland wird
dies Strandprivilegium und in einigen Gegenden Europas
Raub genannt.

Als Handelsleute sind die Insulaner ausgezeichnet. Wenn sie
mit Hummern nach Hamburg kommen, so müssen die dortigen
Händler stets Jemand anstellen, der ihnen blos auf die Hände
sieht, damit die Hummern nicht mit Boskoscher Geschicklichkeit
vertauscht werden. So besteht eine ihrer Kriegslisten darin, daß
Einer mit einer Partie Hummern in einen Frühstückskeller geht,
um dieselben zu verhandeln. Ein Anderer wartet in der nächsten
Hausthür mit kleinern oder schlechtern Hummern. Nach langem
Handel thut der im Keller, als könnte er die Waaren um den ge=
botenen Preis durchaus nicht lassen, obgleich er nothwendig Geld
brauche, er geht zögernd die Treppe hinauf, tritt mit einem Bein
hinaus und vertauscht im Nu den Korb mit seinem Collegen. Im
selben Augenblick kehrt er um und läßt dem Wirth die Hummer,
der, wenn er sie behält, „über's Ohr gehauen ist".

Ich will durch Anführung dieser Beispiele den Helgoländern
nicht zu nahe treten, denn sie sind in dieser Hinsicht immer noch
Kinder gegen die Hamburger Kaufleute; aber mit der gerühmten
Engelsunschuld, von der manche Reisende fabeln, ist es nichts und
nie etwas gewesen. Diese Herren müssen ungeheure Geldbeutel
gehabt und unter lauter Spitzbuben gelebt haben, um die Helgo=
länder ohne allen Falsch zu finden. Wer wie ich von den genüg=
samen, grundehrlichen bairischen Gebirgsbewohnern plötzlich
unter die Helgoländer kommt, schlägt bei einem Vergleich die
Hände über dem Kopf zusammen. Besonders sind die am Strand
wartenden Lootsen, die in ihren Booten Fremde spazieren fahren,
mitunter ganz unverschämt in ihren Forderungen, was besonders
dazu beigetragen hat, den Aufenthalt in Helgoland als theuer zu
verschreien. Einmal verlangte man für das Uebersetzen nach der

Südspitze, wo ich den Mönch zeichnen wollte, einen Thaler, was bei ruhigem Wetter und für eine Strecke von 6—700 Schritt gewiß eine gräßliche Unverschämtheit ist, da besonders der Boot=führer sofort wieder umkehren konnte. Später fand ich einen ver=nünftigen Bootführer mit Namen Bock, welcher für den ganzen Tag einen Thaler, und von Mittag bis Abend 20 Schillinge verlangte, und als ruhiger geschickter Mann sehr zu empfehlen ist.

Die Lootsen müssen, wenn sie als solche fahren wollen, ein Examen bestehen und 23 Jahr alt sein. Das Examen erstreckt sich auf die Einfahrt der Elbe und Weser und wird in bestimmten Fragen gehalten, deren Beantwortung der Candidat hauptsäch=lich auf seinen Fahrten und aus einer Art Katechismus lernt.

Wenn ein Schiff in Noth ist, so werden die Lootsen, die danach ausfahren sollen, durch das Loos gezogen. Ein Lootsenoffizier be=gleitet das Boot, seine Würde scheint sich aber nicht weiter als auf den Namen zu erstrecken, denn er muß öfter als Lootse mit auf das bedrängte Schiff, in welchem Fall ein Anderer das Commando im Boot auf der Rückfahrt übernimmt.

Ob die Lootsengelder in eine gemeinschaftliche Kasse kommen oder vertheilt werden, habe ich nie recht erfahren können; wie man überhaupt nur nach jahrelangem Aufenthalt hinter die Gesetze und Gebräuche der Insel kommen kann. Ebenso ist es mit der Sprache, die friesisch sein soll, in der man jedoch hier und da einige plattdeutsche Worte zu hören glaubt.

Die Volkstracht in Helgoland hat eigentlich blos bei den Frauen etwas Originelles, und auch hier scheint letzteres sich nach und nach zu verlieren. Die Mädchen trugen früher ein Tuch um den Kopf gewunden, das wie eine Art Turban, mit herabhängenden Zipfeln, sehr kleidsam war, und welches ich 1842 noch mehrmals sah. Jetzt scheint es ganz verschwunden zu sein, so wie der Helgoländer Hut mit seinem im Rücken hängenden Zipfel auch schon der Mode

weichen muß. Ebenso wird bald der rothe Rock mit dem schwefel=
gelben Streif, an dem man die Helgoländerin erkennt, verschwin=
den und andern Farben Platz machen.

Die Männer kleiden sich wie die vom Festland und wie es ihre
Kasse erlaubt, mehr oder minder modern. Nur wenn sie zur See
gehen, wo ihnen die Nothwendigkeit eine gewisse Kleidung vor=
schreibt, haben sie eine bestimmte Tracht, die so ziemlich mit der
anderer Seeleute in nordischen Meeren übereinstimmt.

Der Südwester, ein Hut von Leinwand, der mit Oel getränkt
oder mit Farbe angestrichen ist, spielt dabei eine Hauptrolle. Es
giebt auch wohl kein zweckmäßigeres Kleidungsstück gegen
schlechtes Wetter; denn der breite Rand, der nach hinten gesetzt
wird, schützt den Nacken, während das Futter, welches aus Bar=
chent besteht, über die Ohren gebunden wird. Gewöhnlich werden
bei nasser Witterung noch eine Oeljacke und dergleichen Hosen
beigefügt, so daß der ganze Mann wasserdicht ist.

Die Helgoländer packen sich, wenn sie bei kaltem Wetter in See
gehen, so ein, daß sie wie Blei zu Grunde gehen müssen, wenn sie
über Bord fallen. Ueber das dicke wollene Hemd, das jeder See=
mann auf bloßem Leibe trägt, und welches besonders im Sommer
ein herrliches Mittel gegen Erkältungen ist, weil es den Schweiß
in sich zieht und bei schnellem Temperaturwechsel nicht die kalte
Nässe eines Leinwandhemdes fühlen läßt, zieht er ein anderes,
darüber eine Jacke oder Weste und über diese den wollenen
Lootsenrock. Ueber die Hosen werden ein paar meilenlange
Strümpfe gezogen, darüber die großen Fischerstiefeln und nach
Verhältniß über das Ganze das erwähnte Firnißfutteral, wozu
man einen dicken wollenen Shawl nicht vergessen darf, so wie die
den Seeleuten eigenthümlichen Handschuhe, wovon jeder auf
beiden Seiten einen Daumen hat, damit man ihn umdrehen kann,
wenn eine Seite zerrissen ist. Ein Kleidungsstück zur Abhaltung
des Seewassers sind kurze, weite Hosen von Segeltuch, die bei=

Helgoländer und Helgoländerinnen.

nahe wie ein griechischer Rock aussehen und über Stiefeln und
Hosen gezogen werden. Daß die Helgoländer bei einem solchen
Anzug nicht zu Luftsprüngen geneigt sind, kann man sich denken
und daraus ihr gemessenes Benehmen erklären, durch das sie sich
auszeichnen. Man hat ihnen vielfach Feigheit vorgeworfen, weil
sie sich untereinander fast nie schlagen und in Streitigkeiten mit
Fremden und auf fremden Gebieten lieber nachgeben, als es auf
einen Kampf ankommen lassen, ja sogar auf der Insel vor Fremden abziehen, wenn nichts dabei zu verdienen ist. Man soll
aber nur versuchen, sie von einem Wrack, das in der See treibt,
zu verjagen, oder auf ihrer Austernbank fischen, und man wird
bald ihre Fäuste spüren. Es läßt sich auch gar nicht denken, daß
Männer, die jeden Augenblick bereit sind, ihr Leben einzusetzen
und mit dem wüthenden Meer zu ringen, feig sein sollen, obgleich
ein anderer Muth dazu gehört, gegen Menschen als gegen Ele-
mente zu kämpfen. Das rechte Wort, um ihre Zurückhaltung zu
bezeichnen, ist Vorsicht, denn sie hüten sich, der Gesetze wegen,
umsonst Streit anzufangen.

Daß die Helgoländer in ihren Gebeten und sogar von der
Kanzel den lieben Gott um Schiffbrüche, die an ihrer Insel recht

123

zahlreich vorkommen möchten, bitten oder gebeten haben, ist wohl eine Erfindung, denn es findet sich bei den genauesten Erkundigungen nicht eine Spur davon. Ebenso unbegründet ist die Sage, daß die Insulaner sammt den Pastoren aus der Kirche laufen, wenn die Schnepfen kommen, denn diese kommen nicht wie aus einer Kanone geschossen an, sondern in Abtheilungen, zu deren Fang immer noch Zeit genug bleibt.

Daß jedoch Bewerber um Helgoländerinnen, die sich anders besonnen hatten und abreisen wollten, ohne sich mit ihrem Gegenstand trauen zu lassen, zurückbehalten oder vielmehr nicht „fortgeschafft" wurden, ist Thatsache. Ob es jetzt noch im Gebrauch ist, dergleichen Schmetterlinge festzuhalten, weiß ich nicht, es scheint indeß nicht mehr so genau genommen zu werden. Das Bürger- oder Heimatsrecht erlangt man nach vieljährigem Aufenthalt oder durch Heirath, und kann dann fischen, jagen, Austern und Hummern fangen, so viel man will. Wer ein großer Liebhaber dieser Vergnügungen ist, dem wird deshalb eine Heirath mit einer Helgoländerin dringend empfohlen.

Eine rechte Gerichtsordnung scheint es in Helgoland nicht zu geben, denn wenn Jemand vor Gericht geladen wird und keine Lust hat zu erscheinen, so bleibt er eben weg und die Sache wird ohne ihn abgemacht. Wenn eine Strafe erkannt wird, so scheint es ganz im Belieben des Verurtheilten zu stehen, ob er sie abbüßen will oder nicht. So ward mir ein höchst charakteristischer Fall erzählt, der sich 1845 zugetragen hat und sehr komisch ist. Ein Helgoländer ward von einem Andern verklagt und prügelte (ein seltener Fall) diesen dafür durch. Nun sollte er verhaftet werden, wozu drei als Polizeidiener ernannte abgeschickt wurden; da er aber mit unzählbaren Prügeln drohte und sich sogar dazu seiner Holzart zu bedienen nicht abgeneigt schien, zogen diese Drei wieder ab. Da verlangte der Gouverneur, daß die Rathsleute den Widerspenstigen selbst holen sollten, was diese jedoch vor der Hand mit dem

Bescheid ablehnten, „sie wollten erst die zornigen Gemüther sich
abkühlen lassen". Nun ließ man von London einen Constabler mit
seinem Stab kommen und erwartete, daß derselbe dem Hart=
näckigen einen heilsamen Schreck einjagen sollte. Der Constabler
ward aber sammt seinem Stock grausam verhöhnt und ausge=
lacht, weshalb er wieder fortgeschafft wurde. Jetzt ist eine Art
Polizeidiener vorhanden, der die Hunde prügelt und für die
Fremden kleine Dienstleistungen besorgt.

VIII.

Geſchichte der Inſel.

Es exiſtiren von Helgoland verſchiedene Karten, auf denen ſeine frühere Größe (ums Jahr 800) weit über den Geſichtskreis hinausreicht, den man jetzt von der Inſel hat.

Auf dieſen Karten ſind verſchiedene Häfen, Dörfer und eine Menge römiſche Tempel und Caſtelle angegeben, deren Gründer wohl zugleich der Verfertiger der Karte ſein dürfte.

Daß Helgoland früher größer war, dafür liegen unzweifelhafte Beweiſe vor. So hat noch im vorigen Jahrhundert die Düne mit der Inſel zuſammengehangen. Bei der Düne war nach dem Bericht eines ältern Schriftſtellers ein weißer Fels, von dem Kalk gebrochen und als Handelsartikel weggeführt wurde und deſſen letzter Reſt erſt 1711 verſchwand. Auf demſelben befand ſich Quellwaſſer, und die Stelle führt noch jetzt den Namen der Weißklippe.

Auf der Düne waren damals noch Kaninchen zu finden, und man baute dort Flachs, was jedenfalls auf mehr als Sandboden ſchließen läßt.

Was man nun von heiligen Hainen und dergleichen fabelt, iſt ohne Zweifel ebenſo wahr, als die Anweſenheit der elftauſend Jungfrauen, welche in elf Schiffen, jedes tauſend dieſer unternehmenden Mädchen haltend, eine Vergnügungstour von England aus nach Helgoland machten, um von da nach Cöln am Rhein zu fahren, die Schiffe dort zu laſſen, nach Rom zu ſpazieren und ſich auf dem Rückweg bei Abholung der Schiffe von den Hunnen erſchlagen zu laſſen, die gerade in Cöln auf Beſuch waren, wo man ihre (der Jungfrauen) Gebeine, als umſtoßbare Beweiſe der Wahrheit dieſer Geſchichte, noch ſehen kann.

126

Ob die holden Kinder selbst Matrosendienste verrichteten, und wie ihre Schiffe, die bei einer Tragkraft von 1000 Personen, die, der Natur des Weibes nach zu urtheilen, gewiß eine nicht zu verachtende Partie Hut- und andere Schachteln bei sich führten und mehr Platz brauchten als die doppelte Anzahl Männer, wenigstens Linienschiffe sein mußten, aufgetafelt waren, und dergleichen wichtige Sachen hat uns die Chronik nicht aufbewahrt. Es ist blos eine unbezweifelte Sache, daß sie da waren, und daß die jüngern Helgoländer, den Ruhm ihrer guten Zucht ganz und gar vergessend, ihnen so arg mitspielten, daß zur Strafe dafür die halbe Insel zu Grunde ging.

Dann giebt ein Hamburger Erzbischof ums Jahr 1100 eine Beschreibung von der Insel, die er Farria nennt.

Diese Beschreibung paßt beinahe auf den jetzigen Zustand derselben, die Badesaison abgerechnet. Die Einwohner unterhielten danach ihre Feuer von Schiffstrümmern und wohnten auf schroffen Felsen, die baumlos waren. Die Insel war eine Station für Seeräuber, die den Einwohnern ein Zehntheil ihrer Beute abgaben, ob aus Freundschaft oder für Lootsendienste, oder aus Aberglauben, weiß man nicht genau.

Nimmt man nun diese ältesten Nachrichten und eine gute Karte zusammen und beobachtet die Klippenumgebung der Insel bei Ostwind zur Ebbezeit, so kann man sich die frühere Gestalt der Insel recht deutlich vorstellen, und es läßt sich eine solche auf die entferntesten Klippen basirte eher annehmen, als eine über den Gesichtskreis hinaus reichende, für die gar kein annehmbarer Grund vorhanden ist.

Später wurde die Insel mit dem Besuch einiger Herren beehrt, welche die Hamburger Kaufleute eben so gut der lästigen Arbeit des Schiffsausladens überhoben, wie Eppelein von Gailingen dies bei den Nürnbergern that.

So brachte der berühmte Seeräuber und Trinkkumpan Claus

Störtebecker im vierzehnten Jahrhundert einige Zeit auf der
Insel zu, von wo er einen recht hübschen „Ausguck" nach den
Hamburger Schiffen hatte, welches Vergnügen ihm jedoch bald
bitter versalzen wurde; denn als er eines schönen Tages einige
Hamburger Kauffahrer anzugreifen vermeinte, verwandelten sich
ihm dieselben unter der Hand in Kriegsschiffe, nahmen ihn sammt
seinen Freunden beim Kragen und schleppten ihn nach Hamburg,
wo er hingerichtet wurde.

Später ward ein gewisser Herr Wiebenpeter im Anfang des
sechszehnten Jahrhunderts in der Kirche von den Ditmarschen erschlagen, denen er viel Schaden zugefügt hatte und die ihn hier
aufsuchten.

Im Jahr 1684 ließ Christian V. die Insel in Besitz nehmen.
Der Dänische Admiral nahm die auf dem Fischfang ausgelaufenen
Helgoländer gefangen und schickte eine Botschaft nach der Insel,
wodurch er zur Uebergabe aufforderte und drohte, im Weige-
rungsfalle die Helgoländer hängen zu lassen. Als die Weiber dies
hörten, revoltirten sie gegen die Schleswigsche Besatzung, nahmen
mit den anwesenden Männern den Commandanten gefangen und
übergaben die Insel an die Dänen. Nach dem kam sie wieder an
die Herzogthümer und wurde 1714 nochmals von den Dänen belagert und sogar bombardirt. Nach der Einnahme machte man
eine Art St. Helena daraus und schickte mißliebige Leute in die
Verbannung dahin. Die Besatzung kam aber mehr und mehr herunter, so daß im Jahr 1807 nur noch einige 40 Mann dort waren,
die als alte Invaliden geschildert werden, welche sich von den Einwohnern Fische bettelten.

Am 5. September 1807 kamen die Engländer und erklärten die
Insel für ihr Eigenthum, wogegen die Vierzig nicht viel ein-
wenden konnten.

Nun begann für die Helgoländer eine gute Zeit, denn als die
Continentalsperre eintrat, ward Helgoland das Hamburger Lager

für Colonialwaaren. Für den geringsten Raum wurden bedeutende Summen bezahlt, und Einige wohnten in leeren Fässern, weil sie ihre Häuser theuer vermiethet hatten. Der Verdienst durch den Schmuggel war ungeheuer, und die Anwesenheit von Emigranten brachte viel Geld auf die Insel.

Einen berühmten Namen machte sich in dieser Zeit ein gewisser Claus Reimers, indem er verwegene Fahrten an die Küste unternahm, um Briefschaften und Depeschen dorthin zu bringen. Er trieb die Sache so kühn, daß die Franzosen einen Preis auf ihn setzten, wußte sich jedoch jedesmal davon zu machen, wenn man ihn zu haben glaubte.

Auch der Herzog Wilhelm von Braunschweig=Oels kam in dieser Zeit nach der Insel, als er vom Festland flüchten mußte, und ging von hier nach England.

Der erste englische Gouverneur der Insel hieß Hamilton. Ihm zu Ehren hat man die Nordspitze Hamiltonpoint genannt, welcher Namen jedoch wieder in Vergessenheit gerieth.

Nach ihm kam Henry King, welcher sich durch die Anlage der Kartoffelallee und durch die Herstellung des Pflasters auf der Falm (das indeß weniger für Hühneraugen und Podagristen, als für Holzpantoffeln berechnet zu sein scheint) ein Verdienst um die Insel erworben hat.

Der jetzige Gouverneur heißt John Hindmarsh und trat seine Stelle 1840 an. Er diente auf der Flotte und hat die be= rühmtesten Schlachten, wie Abukir, Trafalgar und viele andere mitgemacht. Er verwaltet sein Amt auf eine ruhige Weise und läßt die Helgoländer machen, was sie wollen, weshalb er bei ihnen sehr beliebt ist.

Nach der Schmuggelzeit gingen die Helgoländer wieder an ihren Schellfisch= und Hummerfang und geriethen nach einiger Zeit in Armuth und gänzliche Vergessenheit. Nur wenn ein Lootse gebraucht wurde, kam ein Schiff in die Nähe der Insel, die sich der Steuermann überhaupt gern so weit als möglich aus dem Wege hält.

Endlich kam ein unternehmender Kopf, der Schiffbauer Siemens, 1823 auf die Idee, ein Seebad zu errichten. Er gründete einen Actienverein und setzte trotz aller Hindernisse und Indifferenz, die ihm von den Helgoländern entgegengesetzt wurden, sein Project ins Leben, so daß 1826 das Seebad mit einigen Badekarren eröffnet ward. Der Erfolg dieses Unternehmens liegt jetzt klar zu Tage und die Actien stehen über 100 Procent. Zum Dank dafür spielten die Helgoländer Siemens derart mit, daß er nach England ging und dort 1849 in großer Armuth starb.

Die Errichtung des Seebades ist für Helgoland ein großes Glück, da bei dem Verfall des Lootsenwesens, dessen Ertrag den Insulanern von den Hamburgern und Bremern gerade so vor der Nase weggefischt wird, wie die Schellfische von den Blankenesern, die Insel sonst in große Armuth versunken wäre, denn der Helgoländer gehört zu denen, die an dem bekannten großen Spieß arbeiten, mit dem der, welcher ihn fertig macht, erstochen wird. Ebenso ungeschickt finden sie es, daß die Schnepfen nicht gebraten bei ihnen ankommen, und lassen ihm Uebrigen gern den lieben Gott für sich sorgen. Daß die böhmische Bademusik jährlich eine große Summe Geld wegschleppt, ärgert sie ganz erschrecklich, daß sich aber zwölf oder sechszehn junge Helgoländer in der Musik unterrichten ließen und ein einheimisches Musikcorps bildeten, fällt ihnen nicht ein, dafür gucken sie lieber in die See und essen im Winter getrockneten Schellfisch.

Seit der Errichtung des Seebades hat nun der Wohlstand der Insel bedeutend zugenommen, obgleich die frühere biedere Einfachheit durch den leichten Verdienst und den Umgang mit den Badegästen mehr und mehr abnimmt.

Die Zahl der Badegäste hat sich von Jahr zu Jahr vermehrt; 1827 waren etwa hundert Badegäste dort; 1829 über zweihundert; 1830 über dreihundert und 1838 weit über tausend, welche Zahl immer noch zunimmt. Besonders groß ist in letzter Zeit die Zahl der flüchtigen Besucher, die gewöhnlich Sonnabends kommen und Montags wieder abreisen und den Sommer über bedeutende Summen dort sitzen lassen. So wird z. B. von der Fähre beim Besuch von 4000 Personen allein die Summe von 6000 Mark verdient, wenn man für das An= und Absetzen jeder Person 24 Schillinge rechnet. Ebenso müssen die Bäder, deren jedes 12 Schillinge kostet, den Actionären schönes Geld bringen. Die Gastwirthe sind nicht so schlimm wie ihr Ruf, denn man muß bedenken, daß Alles vom Festlande herübergebracht werden muß. Auch sie müssen jedoch eine gute Ernte machen.

Als Seebad hat die Insel einen großen Vorzug, weil sie mitten im Meer liegt und der Salzgehalt des Wassers größer ist, als der der Ostsee= und Küstenbäder. Ein Pfund Seewasser bei Helgoland soll 1 Loth Seesalz enthalten, während es bei Travemünde nur ½ Loth hat.

Dann kann der Fremde die See und das Seewesen der Fischer hier besser und bequemer studiren als irgendwo, so wie man auch die Seeluft nirgends an der deutschen Küste so rein haben kann.

Das Klima von Helgoland ist wegen der stets herrschenden Winde im Sommer ein sehr angenehmes. Besonders sind warme Abende und Nächte, welche beinahe die Temperatur des Tages behalten, sehr häufig, so daß die Sage geht, man könne sich gar nicht erkälten, was jedoch dahin gestellt sein mag.

Im Winter soll es sehr mild sein, so daß es selten hart friert und der Schnee oft nicht liegen bleibt.

Die Bewohner sind lutherischen Glaubens. Früher sollen sie arge Heiden gewesen sein und den Gott Fosite oder Forsete, der übrigens eine sehr unbekannte Gottheit ist und nirgends recht hingehört, angebetet haben. Einige wollen diesen Forsete für einen indischen Gott halten; da aber die Helgoländer zur Zeit

131

ihres Heidenthums nicht nach Indien fuhren, so läßt sich schwer bestimmen, wie sie zu der indischen Gottheit kommen konnten. Einige Philologen wollen aus Forsete Vesta machen und zwar in derselben Ableitung, wie sie aus Cannabis Hanf gemacht haben, und wollen dann die Römer, welche sicherlich keine Ahnung von Helgoland hatten, in ihren Tempeln auf der Insel den Vestadienst halten lassen.

Karl der Große, welcher das Heidenbekehren mit besonderer Liebhaberei trieb, mußte auch Nachrichten von der Abgötterei der Helgoländer erhalten haben, denn er schickte im Jahr 785 den Bischof von Münster nach der Insel, um die Bewohner zu bekehren. Dieselben machten auch keine Umstände und wählten unter Todtschlagen oder Taufen das Letztere.

Eine Art „Fischgott" scheint man auch auf der Insel verehrt zu haben, der den Namen „Dietz" oder einen ähnlichen führte. Zu seiner Verehrung gehörte das Austrinken einer Glocke, jedenfalls ein sehr angenehmer Cultus, wenn die Glocke nicht von der Größe der Erfurter war.

Ueber die Einführung der Reformation scheinen keine bestimmten Nachrichten vorhanden zu sein; ob dieselbe auf einmal oder nach und nach kam, konnte ich nirgends erfahren.

Ein regsames Leben brachte die Errichtung einer Werbestation im Frühjahr 1855 mit sich. Obgleich die Helgoländer im Anfang sehr schiefe Gesichter dazu machten und sowohl für ihre Mädchen als für die Badegäste in Angst geriethen, so vergaßen sie doch nicht, daß bei der Sache Geld zu verdienen war, denn es ward für jeden Rekruten, der vom Festland herübergebracht wurde, 1 Pfund Sterling bezahlt.

Dies war eine recht hübsche Sache und gab eine gute Rückfracht, wenn man Hummer oder Schellfische nach Hamburg gebracht hatte. Nur war die Hamburger und Altonaer Polizei nicht damit einverstanden und steckte manchmal einen Fischer ein, wenn er auf einer Werbung betroffen wurde. Da war's freilich mit dem Profit vorbei.

Eben so unzufrieden waren die Helgoländer, daß sie ihre Kartoffelfelder zum Bauplatz für die Baracken hergeben mußten. Man hat sie ihnen zwar bezahlt, aber keineswegs mit einer Summe, von deren Interessen man die sonst erbauten Kartoffeln ankaufen könnte, so daß sich ein fühlbarer Verlust herausstellen wird, wenn die Baracken lange stehen bleiben.

Diese Gebäude sind von dünnen, doppelten Bretwänden aufgeführt und mit wasserdichtem Filz gedeckt. Jede Baracke enthält zwei Oefen zum Kochen. Das Schönste darin sind die Betten, womit die Legionäre gewiß zufrieden sein können, da jedes derselben drei wollene Decken hat.

Die Befürchtung, daß die Legion die Badegäste vertreiben werde, hat sich als falsch erwiesen, da im Gegentheil damit noch eine interessante Unterhaltung gewonnen ward. Die Legionäre betrugen sich auch so anständig und musterhaft, daß nicht die mindeste Klage über dieselben eingelaufen ist, so wie das Corps auch in England seinen Landsleuten alle Ehre gemacht hat.

Im Anfang hatten die Leute keine Flinten und mußten mit Stöcken und Zaunpfählen Wache stehen, was komisch genug aussah und worüber sie selbst lachen mußten; später erhielten sie jedoch Gewehre.

————

Der Badearzt Dr. von Aschen hat sich unendliche Verdienste um Helgoland erworben. Er hat seit mehr als zwanzig Jahren die dortige Natur studirt und kennt die Einwirkung der See und Seeluft auf verschiedene Krankheiten und Körperconstitutionen genau. Dabei verbindet er mit großer wissenschaftlicher Bildung ein höchst liebenswürdiges Benehmen und wird von den Badegästen allgemein verehrt.

Die Befürchtung, daß die Insel in der nächsten Zeit einmal von Stürmen und Wellen zu Grunde gerichtet und vollends weggeschwemmt werden könnte, ist wohl unbegründet. Es wird allerdings stets etwas abgerissen und nichts dazugethan, so daß es wohl damit einmal ein Ende nehmen muß. Es kann aber noch viele Jahrhunderte dauern, bis die Helgoländer gezwungen werden, sich einen andern Wohnsitz zu suchen und bis vielleicht ein einsamer Leuchtthurm die Stelle bezeichnet, wo einst Helgoland stand.

IX.

Anhang.

————

Die Abfahrtsstation der Dampfschiffe nach Helgoland war bisher blos Hamburg, nach welchem Ort sich also der Reisende begeben muß.

Die Geldverhältnisse Hamburgs und Helgolands sind dieselben, so wie sich auch die Wirthshausrechnungen ziemlich gleich stellen.

Das gewöhnliche Geld sind Schillinge und Mark. Von den Schillingen gehen 40 auf einen Preußischen Thaler und 16 auf die Mark, so daß ein Verhältniß von 5 zu 2 zwischen Mark und Thaler stattfindet.

Das Gepäck, welches man nach Helgoland mitnimmt, muß man mit der deutlichen Adresse Helgoland und seinem Namen versehen, sonst kann es leicht passiren, daß es unterwegs mit abgeladen wird und verloren geht. Beim Landen in Helgoland braucht man sich nicht um die Sachen zu kümmern; sind dieselben ausgeschifft, so werden sie in einen Schuppen neben dem Badehaus gebracht, wo man die seinigen aussucht und nach der Wohnung bringen läßt.

Wer an der Seekrankheit leidet, thut am besten sich auf den Rücken zu legen, sobald das Schiff anfängt zu stampfen. Mittel gegen die Seekrankheit giebt es nicht, und es ist schon vorgekommen, daß Leute, welche etwas dagegen verschluckten, erst recht davon mitgenommen wurden. Es schadet auch gar nichts, wenn man die paar Stunden seekrank ist, sondern curirt den Magen recht aus und erweckt für die folgenden Tage sehr guten Appetit. Auf der Hinreise thut man wohl, kurz nach der Abfahrt von Hamburg zu frühstücken und nicht zu warten bis man bald in der See ist. Auf der Herreise läßt man gewöhnlich Curhaven vorbei, ehe man etwas zu sich nimmt, es ist beides der Sicherheit wegen.

Wenn man auf die Brücke geht, welche auf dem Dampfschiff der Standort des Capitäns ist, so muß man die Seite freilassen, auf welcher der Capitän steht und dem Mann am Steuer durch eine Handbewegung die Richtung zeigt, nach der er steuern soll. Manche Leute glauben ein Recht zu haben, überall zu stehen und geniren den Capitän, der in der obern Elbe die größte Aufmerksamkeit anwenden muß, um das schnell laufende Schiff durch die andern Fahrzeuge und die Sandbänke zu bringen. Eine Handbewegung, die dem Mann am Steuer verloren geht, kann stundenlangen Aufenthalt und große Geldkosten verursachen. Gewöhnlich schiebt Capitän Otten die Leute stillschweigend auf die Seite, wenn es ihm gar nicht mehr möglich ist durchzukommen. Ebenso ungern sieht er es, wenn sich verwegene Landratten auf die Radkasten stellen, obgleich er es stillschweigend und unter der Voraussetzung gestattet, daß sie „schwimmen" können.

Eben so wenig muß man eine Unterhaltung mit dem „Mann am Steuer" anknüpfen. Es ist dies ein Matrose, der alle Stunden abgelöst wird und seine ganze Aufmerksamkeit auf den Capitän oder in See auf den anbefohlnen Compaßstrich richten muß. Die Binnenländer halten ihn stets für den Steuermann und betrachten ihn mit viel Respect.

Dem Steward, der ungefähr dasselbe ist, was im Hôtel ein Kellner vorstellt, sollte man nach genossener Seekrankheit ein kleines Trinkgeld zu geben nicht vergessen, denn er verdient es wohl wegen seiner Bemühungen.

Den Matrosen, wenn es rechte Seeleute sind, darf man in
dieser Form nichts anbieten, denn diese pflegen Trinkgelder zu
verachten, wenn sie nicht von Passagieren einer großen Reise
kommen, welche dann etwas für die Mannschaft an den Steuer=
mann geben.

Wer in Helgoland gern sogleich ein Logis haben will, hat hart
am Strand Gelegenheit genug, sich einzuquartieren. Neben dem
Packhaus findet er den berühmten Mohr, oder Hôtel Mohr
(ob er Karl oder Franz heißt, kann ich nicht sagen), dann Hôtel
Krüß, um die Ecke des Badehauses Uterhark in Stadt
Magdeburg, nebenan Schinski, dann Stadt Paris und so fort.
Uterhark und sein Nachbar sind ein paar sehr empfehlenswerthe
solide Leute.

Im Oberland sind an der Falm mehrere Hôtels, die alle
ziemlich gleich sind und nebeneinander liegen.

Wer Table d'hôte speisen will, kann dies im Conversations=
haus oder in den Hôtels des Oberlandes thun. Nach der Karte
speist man sehr gut im „Fremdenwillkommen" in der Bind=
fadenallee. Man thut übrigens am besten, die Reihe herum zu
essen, wobei man nebst der Veränderung die beste Gelegenheit
hat, nach Geschmack sein Speisehaus zu wählen.

Neben Fremdenwillkommen, im Pavillon, und in Stadt
Magdeburg kann man recht gutes Bier haben. Wein hat man
zu denselben Preisen wie in Hamburg überall.

Wer sich bei längerem Aufenthalt Wein, Kaffee, Thee,
Zucker und dgl. mitnehmen will, thut wohl daran. Zoll ist nir=
gends zu bezahlen, Paß und Aufenthaltskarten kennt man nicht;
eine Badeliste ersetzt diese Anstalten. Die Namen der Ankommen=
den werden aus den Fremdenbüchern abgedruckt.

Die Bademusik bringt gewöhnlich jedem Ankommenden ein
Ständchen, das in der Regel mit einem Thaler honorirt wird,
und womit die Sache ziemlich abgemacht ist. Früher mußte oder

sollte jeder einzelne Badegast 4 Mark*) und eine Familie 6 Mark an die Musik bezahlen, welche dadurch eine Art festen Gehalt bezog. Jetzt giebt Jeder was er Lust hat, und wer gar nichts bezahlen will, kann auch nicht dazu gezwungen werden.

Die Wäsche besorgen meistens Hamburgerinnen, die während der Badezeit herüberkommen.

Das Badecomité, oder vielmehr die Badeanstalt, hat verschiedene Taxen aufgestellt, um der Prellerei Einhalt zu thun; denn es konnte früher vorkommen, daß ein Helgoländer für einen Koffer die Treppe hinaufzutragen Einen Thaler verlangte. Jetzt ist dies anders, denn das An= und Absetzen, so wie das Wegschaffen des Gepäckes wird von der Commune besorgt.
Das Ansetzen vom Dampfschiff kostet mit allem Gepäck 12 *ß*.
Jedes Stück Gepäck vom Strand nach dem Unterland
für jeden Träger . . . . 2 *ß*.
do. nach dem Oberland . . . . 4 *ß*.

Für Bäder bezahlt man:

Wagenbäder auf der Düne . . . . 12 *ß*.
do. das Dutzend . . . . 8 *Mk.*
Ein warmes Bad im Badehause . . . . 20 *ß*.
do. das Dutzend . . . . 14 *Mk.*
Ein Regenbad . . . . 8 *ß*.
do. das Dutzend . . . . 5 *Mk.*
Sturzbad . . . . 8 *ß*.
do. das Dutzend . . . . 5 *Mk.*
Ein Sitzbad . . . . 4 *ß*.
do. das Dutzend . . . . 3 *Mk.*

---

*) 1 *Mk.* (Mark) = 16 *ß*. (Schillinge) = 12 Ngr.

138

Eine kleine kalte Douche . . . . 8 ß.

    do. das Dutzend . . . . 5 ℳ.

Eine große kalte Douche . . . . 1 ℳ.

    do. das Dutzend . . . . 11 ℳ.

Eine große warme Douche . . . . 24 ß.

    do. das Dutzend . . . . 16 ℳ.

Für das Uebersetzen nach der Düne mit der Badefähre

    hin und zurück . . . . 4 ß.

Der Wirth des Pavillons auf der Düne übernimmt die Besorgung und Aufbewahrung der Badewäsche gegen folgende Vergütung:

Für ein großes wollenes oder leinenes Betttuch, Badekleid oder dgl. pr. Woche . . . . 8 ß.

Ein Handtuch pr. Woche . . . . 4 ß.

Ein der Badeanstalt gehöriges Handtuch kostet jedesmal 1 ß.

Eine Anzahl Schiffer haben sich verpflichtet, nach einer vom Badecomité aufgestellten Taxe zu fahren, worüber man jedoch stets mit ihnen vorher unterhandeln muß. Die Preise stellen sich danach folgendermaßen:

1) Eine Ausfahrt des Nachmittags nach der Düne, wenn acht oder mehr Personen im Schiff sind, die Gesellschaft mag dort nur kurze Zeit oder bis zur Nacht verbleiben, à Person . . . . 8 ß.

2) Eine Ausfahrt nach der Düne von weniger als acht Personen, wenn die Gesellschaft die Schiffe bei sich und zur Disposition behält, pr. Schiff . . . . 4 ℳ.

3) Eine Ausfahrt nach der Düne, wenn drei bis acht Personen im Schiff sind, die Schiffer gleich zurückkommen dürfen und die Gesellschaft zu einer bestimmten Zeit abholen, à Person . . . . 8 ß.

4) Eine einzelne Person, welche das Schiff bei sich behält, pr. Stunde . . . . 1 ℳ.

Ebenso viel, wenn sich dieselbe blos hinübersetzen und wieder abholen läßt.

5) Eine Umfahrt um Helgoland und zugleich um die Badeinsel mit dem Ruder- oder Segelboot, wenn fünf oder mehr Personen im Schiff sind, à Person . . . . 1 ℳ.

Um die Insel Helgoland.

1) Vier Personen oder mehr in einem Schiff, à Person 6 ß.
2) Unter vier Personen, à Person . . . . 8 ß.
3) Eine Person . . . . 1 ℳ.

4) Bei Erleuchtung der Grotten erhalten die Schiffer keine Baarzahlung, sondern ihre 8 Schillinge von jeder der eingelieferten Karten, welche als Fahrbillet von den Theilnehmern an der Partie im Comptoir der Bade= anstalt gelöst werden. Weitere Ansprüche können die Schiffer nicht machen.

Eine Ausfahrt auf den Fischfang.

Die Fischer sind verpflichtet, zu einer solchen bis zu acht Angel= geräthschaften und den dazu gehörigen Köder mitzunehmen. Die gefangenen Fische gehören der Gesellschaft und werden nicht extra bezahlt.

1) Vier oder mehr Personen in einem Schiff, ganz abgesehen davon, ob alle angeln oder nicht, die erste Stunde à Person . . . . 8 ß.

Für jede folgende Stunde à Person . . . . . . 4 ß.

2) Unter vier Personen, die erste Stunde pr. Schiff. . 2 ℳ.

Für jede folgende Stunde . . . . 1 ℳ.

Ausfahrten zum Hummerfang werden ebenso bezahlt. Die gefangenen Hummer gehören indeß dem Schiffer.

Jagdfahrten.

1) Ein Boot mit einem Ruderer pr. Stunde . . . . 1 *Mk.*
     do. mit zwei Mann . . . . 24 *ß.*
Eine große Ruderschlupp mit vier Mann, die erste Stunde 3 *Mk.*
Für jede andere Stunde . . . . 2 *Mk.*
Wenn nebst den Jagdgewehren Fischgeräthe mitgenom=
     men werden, so wird für jedes benutzte Angel=
     geräth nebst Köder 4 Schilling bezahlt.

Für Fahrten auf dem Meer wird bezahlt:

1) Wenn vier oder mehrere Personen im Boot sind,
     à Person . . . . 6 *ß.*
Bei weniger Personen pr. Schiff . . . . . 1 *Mk.* 8 *ß.*
Ein Segelschiff kostet die erste Stunde . . . . . . 3 *Mk.*
Für jede folgende Stunde . . . . 2 *Mk.*
Eine große Fischerschlupp mit drei Mann, gleichviel
     wohin gesegelt wird und wie viel Personen im
     Schiff sind . . . . 8 *Mk.*

Zum Makrelenfang auszusegeln die erste Stunde. . . . 3 *Mk.*
Jede folgende . . . . 2 *Mk.*
     Die Fische gehören der Gesellschaft.
Eine große Fischerschlupp mit zwei großen Fischleinen . . 10 *Mk.*
     Der Fang gehört der Gesellschaft.
     Kinder und Dienstboten zahlen immer die Hälfte.

Reglement für die Badeanstalt.

1) Die tägliche Badezeit ist, unabhängig von Ebbe und Fluth,
von 6 Uhr Morgens bis gegen 2 Uhr Nachmittags. Während

dieser Zeit unterhält die Fähre der Badeanstalt eine ununter=
brochene Verbindung zwischen den beiden Inseln gegen tar=
mäßigen Fährlohn, und dieselben Ruder= und Segelschiffe liegen
des Nachmittags, unter Umständen auch Abends, zwischen den
zwei grünen Pfählen am Strande gegen feste Taxen zu allen
Vergnügungstouren für die Badegesellschaft bereit.

Schiffe und Mannschaft dieser Fähre allein stehen unter
der Controle der Badedirection und deren Beamten.

2) Die Billets für die Bäder, sowohl in offener See als im
Badehause, werden nach vorerwähnter Taxe im Comptoir der
Badeanstalt ausgegeben, welche im Badehause gelegen, von
6 Uhr früh bis Mittag und von 3 Uhr Nachmittags bis Abends
geöffnet, zugleich auf alle Erkundigungen durch die Secretaire der
Badeanstalt Auskunft giebt.

3) Im Badehause werden von 6 Uhr Morgens bis 9 Uhr
Abends alle Arten Bäder stets bereit gehalten, nur müssen warme
Bäder eine halbe Stunde vorausbestellt werden. Die Anwendung
der großen Douche, so wie alle nach besonderer ärztlicher Ver=
ordnung herzustellenden Bäder, bedürfen der Zustimmung des
hiesigen Badearztes Herrn Dr. von Aschen.

4) Die Jagd auf der Badeinsel während der Badestunden ist
wegen der damit verbundenen Gefahr nicht gestattet, und eine
Ordre des hiesigen Gouvernements verbietet namentlich alles
Schießen von 7 Uhr des Morgens bis 2 Uhr Nachmittags. Nach
dieser Zeit ist die Jagd dort für Jedermann erlaubt. Aus den
Fährschiffen der Badeanstalt darf unter keiner Bedingung ge=
schossen werden, und das Mitnehmen von Schießgewehren in
dieselben ist nicht gestattet.

5) Auf der Badeinsel bezeichnen Wegweiser die Grenzen der
Wege zu den Badeplätzen der Damen und Herren, und solche
dürfen unter keinem Vorwande überschritten werden. Auch wird
die Landung und Abfahrt der Fährschiffe dort von einem sach=

kundigen Beamten der Badeanstalt geleitet, der zur Aufsicht über Fährperfonal, wie über die am Badestrande einzuhaltende Ordnung ebenfalls verpflichtet ist, und an welchen die respectiven Badegäste im Fall dort vorkommender Uebelstände, sich zu wenden erfucht werden.

6) Die Zahl der Plätze in den Fährschiffen ist keine bestimmte, und die Aufnahme in diefelben richtet sich nach den Umständen. Die Beamten der Badeanstalt, welche die Ueberfahrt leiten, sind indessen, so wie die Fährschiffer felbst, aufs strengste verpflichtet, nicht mehr Perfonen in die Schaluppen einsteigen zu lassen, als mit Bequemlichkeit darin Platz nehmen können, weshalb auch höflichst gebeten wird, den Anordnungen derfelben Folge zu leisten. Ebenfalls wird erfucht, bei Gegenwart von Damen in den Fährschiffen nicht zu rauchen.

7) Das Verzeichniß der auf Helgoland anwefenden Badegäste und der die Infel befuchenden Fremden wird im Comptoir der Badeanstalt in gedruckten Exemplaren abgegeben und hält außerdem jeder Wirth eine Lifte feiner eigenen Gäfte, in welche sich gefälligst einzufchreiben recht fehr gebeten wird, da im Unterlaffungsfalle die Badedirection keine vollständigen Fremdenliften liefern kann.

8) Das Converfationshaus, der hiefigen Commune gehörig, steht nicht unter der Aufficht der Badedirection, fondern es hat dasfelbe feinen eigenen Vorstand. Gegründete Klagen, die Badeanstalt betreffend, bittet man im Comptoir derfelben in das dort befindliche Befchwerdenbuch mit eigener Namensunterfchrift zu notiren, und wird die unterzeichnete Direction es sich zur strengsten Aufgabe machen, Uebelständen nach Vorkommen abzuhelfen und billigen Wünschen zu begegnen, so weit derfelben die Macht dazu gegeben ist.

Die Direction des Seebades.

143

Die Abgangszeit der Dampfschiffe von Hamburg ist Sonnabends, Dienstags und Donnerstags früh 9 Uhr von der Landungsbrücke in St.-Pauli. Die Fahrt dauert gewöhnlich 7 bis 8 Stunden, was sich jedoch nach dem Wetter richtet.

Manchmal macht das kleinere Dampfschiff Elbe Extrafahrten, die billiger zu stehen kommen, als die regelmäßigen.

Das Dampfschiff Helgoland hat jetzt blos einen Platz, der 15 Mark kostet; wenn man jedoch sogleich wieder mit zurückfährt, bezahlt man 24 Mark.

So eben erfahren wir, daß ein neuer Pachtcontract über die Spielbank abgeschlossen ist und zwar auf 15 Jahre, für 800 Louisdor pr. anno, und mit der Verpflichtung ein neues massives Conversationshaus, welches wenigstens 100,000 Mark kosten muß, herzustellen. Als Pächter ward eine der deutschen Bankgesellschaften zu Homburg oder Baden bezeichnet.

Nachwort.

Als der Maler und Illustrator Karl Reinhardt vor wenig
mehr als hundert Jahren sein Büchlein „Von Hamburg nach
Helgoland" schrieb und eine Menge reizvoller Zeichnungen dazu
schuf, hatten zwar die Repräsentanten einer neuen Zeit, das Dampf=
schiff und die Eisenbahn, ihren Siegeslauf schon angetreten,
aber im Fühlen und Denken der damaligen Menschen steckte doch
ein gut Teil des entschwindenden Biedermeiertums. Sie kannten
noch nicht die Unrast unserer Tage und gewährten sich auf ihren
großen und kleinen Reisen die gesunde Muße, rechts und links
des Weges auf alles Neue und Absonderliche ein prüfendes Auge
zu werfen. So erging es auf seiner Fahrt von Hamburg nach
Helgoland auch dem Schilderer Reinhardt, und just seine Gabe
liebevoller, oftmals humoristischer und höchst eindringlicher
Beobachtung ist es, die uns heute sein unterhaltsames Buch so
besonders wertvoll macht. Es ist im großen und kleinen ein Kultur=
dokument, das mit gleicher Treue ein erhabenes Naturschauspiel
schildert und für den realistischer eingestellten Leser die Lebens=
mittel= und Logispreise auf Helgoland um 1856 sorgfältig
registriert. Die heute höchst selten gewordene Erstausgabe, die
1856 bei J. J. Weber in Leipzig erschien, verdient es sicherlich,
nach hundert Jahren in einer vollständigen Neuausgabe der Ver=
gessenheit entrissen zu werden.

Zehn Jahre nach seiner Helgolandfahrt verfaßte der aus Leip=
zig gebürtige, in Hamburg jahrelang ansässige und in Dresden
1877 verstorbene Karl Reinhardt seinen bekannten, humoristisch=
satyrischen Roman in vier reich illustrierten Bänden „Der
fünfte Mai", der wohl von allen Schilderungen Hamburgs und

des hamburgischen Lebens von einst den ersten Platz einnimmt und immer wieder in neuen, der Zeit angepaßten Ausgaben in unserem Verlage erscheint.

Möge Reinhardts vergnügliche und lehrreiche Reise nach Helgoland in unserer Neuausgabe ebenso viele Leser und Freunde finden wie sein großer Roman!

Der Verlag

Am
St.-Pauli-
Fischmarkt

Illustrationsprobe aus „Der fünfte Mai“, Roman aus dem alten
Hamburg von Carl Reinhardt
46.—55. Tausend   Mit 59 Holzschnitten des Verfassers
716 Seiten   Ganzleinen   DM 11,80

BROSCHEK VERLAG · HAMBURG